# デザインの道

道具寺道具村建立縁起展

栄久庵憲司

鹿島出版会

美によって
具《そなえ》は道を得て
道具となり

人は道具を得て
その道を悟る

# はじめに

道具という言葉の定義はいままでいろいろとあるが、どれも曖昧として定かではない。道具の意義は人間の目的達成のために物質をかたち化することで、人格形成のために人の魂のありか、向上を求めることである。ただ単に便利な道具を創るために人間は生きているのではない。道具を創ることによって、人間自身が成長しなければ、道具を創る意味はない。

奇しくも「道」・「具」という二文字を組み合わせて「どうぐ」と発音させた日本語としての良さがある。「道」とは孔子の昔から中国に伝わった天地にあるすべてに価値を求める意義であり、「具」は具体的にかたちになったものをいう。だが道具という言葉は不思議なことに中国にはない日本独自の言葉である。「道に具わりたる」と読めば、僧侶修行中に必要な生活用品のことであり、「道の具わりたる」と読めば用品自身に道を有していることを意味する。だから道具という文字は哲学的であり、人間にとって道具を創ることは、人間の理想を目的にしているということになる。

道を求め、道に達することはどういうことなのか。孔子、孟子、老子は道を人間の目標にして生きてきた。道は達することが絶対というほど実現できないが故に、悟りのイメージといってよい。天地自然の創造の理念ともいうべきである。したがって道具という文字は、儒教、道教の両方に深い関係があるといえる。そこが「Tool」と異なり、科学の合理性を基礎とする西欧的「Tool」と「道具」は比べることができない異質な存在であるといってよい。

しかし道具が快いものになるには美という感性が必要になる。茶道では道具は御道具という。一般的に「お」をつける女性用語ではなく、尊いという意味を含んでいる。それが美である。尊敬される美、だから美は尊い。道具を尊いものにするなら美しくなくてはいけない。価値のある道具は美しい道具でなくてはいけない。

まとめていうと「美によって具えは道をえて道具となり、人は道具をえてその道を悟る」ということになる。美といい、道といい、具えといい、どれもが複雑で奥が深い。こう考えると正宗の日本刀にせよ、長次郎の黒楽茶碗にせよ価値の高さがわかる。

こうしたことに思いを巡らせながら現世を見渡すと、道具の意義を欠いた道具があまりに多いことにあらためて気づく。たとえば自動車という道具は人間に行動の自由をもたらす一方、交通事故や公害を惹起させた。道具は破壊と構築という二面性を持つ。それは道具の宿命でもある。しかしこのままでは人類は滅びるのではないかと思うようになった。道具の破壊力と構築の調整が必要になってきたのである。

私が「道具寺道具村」を構想する背景にはこのような想いがあった。そしてその実現に向け、有志の方々の深いご理解とご賛同を得て、「道具寺道具村建立の会」を設立することが出来た。さらに、和歌山県白浜町の山林の一部を、地元並びに関連地域の方々のご厚意とご支援を背景に、その建設候補地として将来的に使用させて頂ける状況も生まれてきた。平成十七年十月下旬には、その山中に結んだ一宇の草庵「道具庵」にて「道具寺道具村建立」を願う山籠修行を行った。満願修了後に「発願文宣言」をもって、地元の方々に広く理解を頂くことが出来、本構想はここに、実現に向けて動き出す時を得ることが出来たのである。

そして平成十八年十月二十七日、より広く人々の理解と共感を得るため、さらに多くの関係者のご支援とご協力を得て、「道具寺道具村建立縁起展」を開催するに至った。この展覧会は三部から構成された。中心展示である「道具寺道具村構想」では、「人間づくり」につながる「ものづくり」を実現するための「道具寺道具村」をありようを、シンボルとなる道具寺千手観音像や道具曼荼羅絵図を構成した空間によって示した。「山籠修行と建立発願」では、建立への願いを込めて白浜の山中で行った山籠修行に用いた「道具庵」等を展示した。そして「現代の道具世界曼荼羅」では、私が携わってきたデザインの世界から生まれた現代の様々な道具を、本来の「道具」の意義から見直すことができるよう、三〇あまりのケースに収めて展示した。

この本は、「道具寺道具村建立縁起展」で表現された、「道具寺道具村」への想いを多面的に収録したものである。人間は道具なしでは生きられず、デザインはあらゆる道具の創造に拘わっている。この本が「道具寺道具村構想」に対する理解と共感の一助となり、さらには「デザインの道」を開くきっかけになれば幸いである。

栄久庵憲司

# 「道具寺道具村建立縁起展」開催概要

会　期　二〇〇六年十月二七日（金）～十一月五日（日）　会期中無休
開館時間　十時三十分～十九時

会　場　リビングデザインセンターＯＺＯＮＥ　三階パークタワーホール
東京都新宿区西新宿三-七-一　新宿パークタワー内

入場料　五〇〇円（学生以下無料）

主　催　「道具寺道具村建立縁起展」開催実行委員会

後　援　ＧＫデザイングループ
「道具村実現に向けた白浜実行委員会」（和歌山県白浜町）

協　力　山城祥二、芸能山城組（オープニングセレモニー）
ＹＫＫ ＡＰ株式会社

特別協力　リビングデザインセンターＯＺＯＮＥ

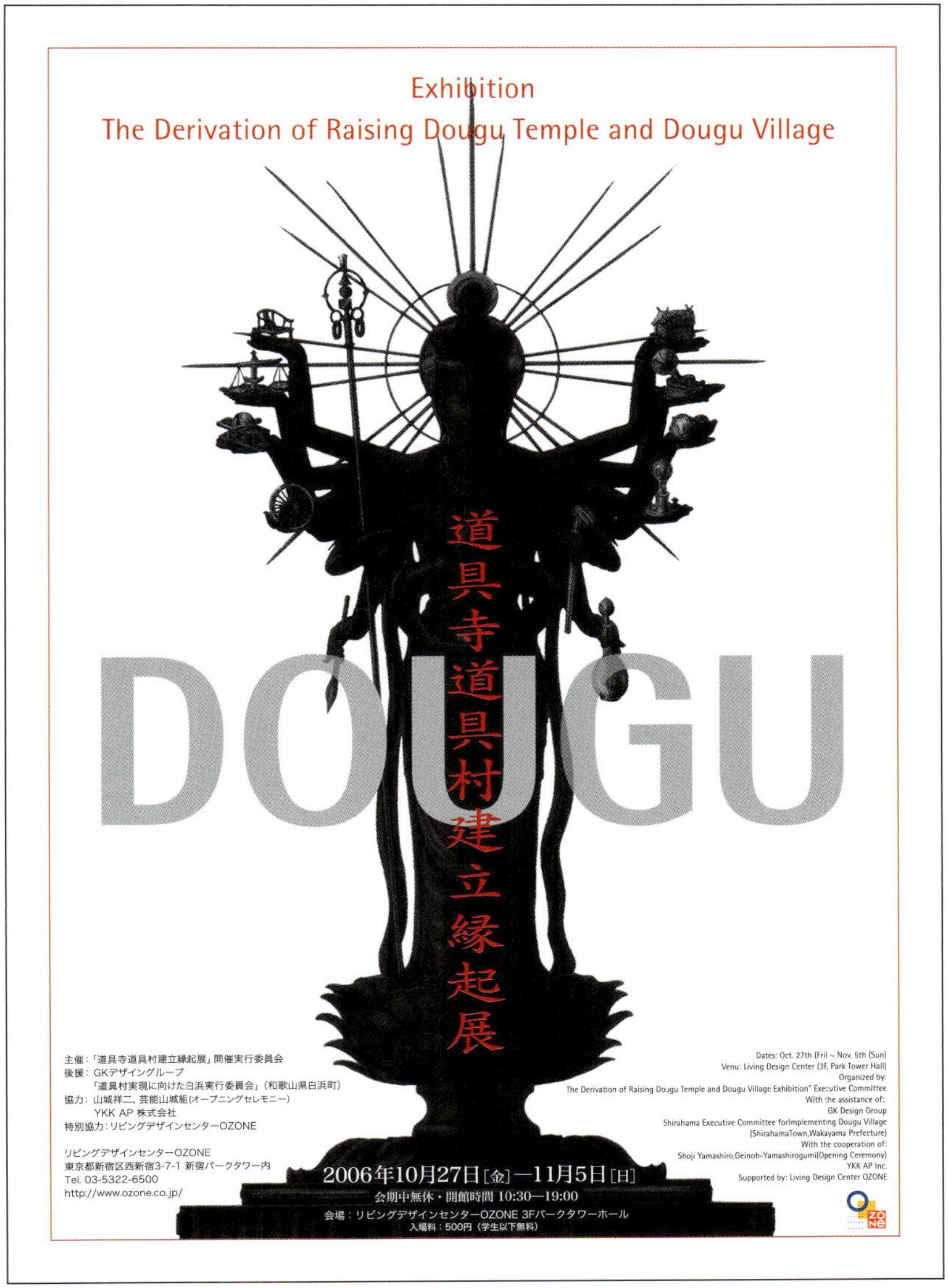
Exhibition
The Derivation of Raising Dougu Temple and Dougu Village
道具寺道具村建立縁起展
DOUGU
主催：「道具寺道具村建立縁起展」開催実行委員会
後援：GKデザイングループ
「道具村実現に向けた白浜実行委員会」（和歌山県白浜町）
協力：山城祥二、芸能山城組(オープニングセレモニー)
YKK AP 株式会社
特別協力：リビングデザインセンターOZONE
リビングデザインセンターOZONE
東京都新宿区西新宿3-7-1 新宿パークタワー内
Tel. 03-5322-6500
http://www.ozone.co.jp/
2006年10月27日[金]—11月5日[日]
会期中無休・開館時間 10:30—19:00
会場：リビングデザインセンターOZONE 3Fパークタワーホール
入場料：500円（学生以下無料）
Dates: Oct. 27th (Fri) ~ Nov. 5th (Sun)
Venu: Living Design Center (3F, Park Tower Hall)
Organized by:
The Derivation of Raising Dougu Temple and Dougu Village Exhibition" Executive Committee
With the assistance of:
GK Design Group
Shirahama Executive Committee forImplementing Dougu Village
(ShirahamaTown,Wakayama Prefecture)
With the cooperation of:
Shoji Yamashiro,Geinoh-Yamashirogumi(Opening Ceremony)
YKK AP Inc.
Supported by: Living Design Center OZONE

# 会場構成

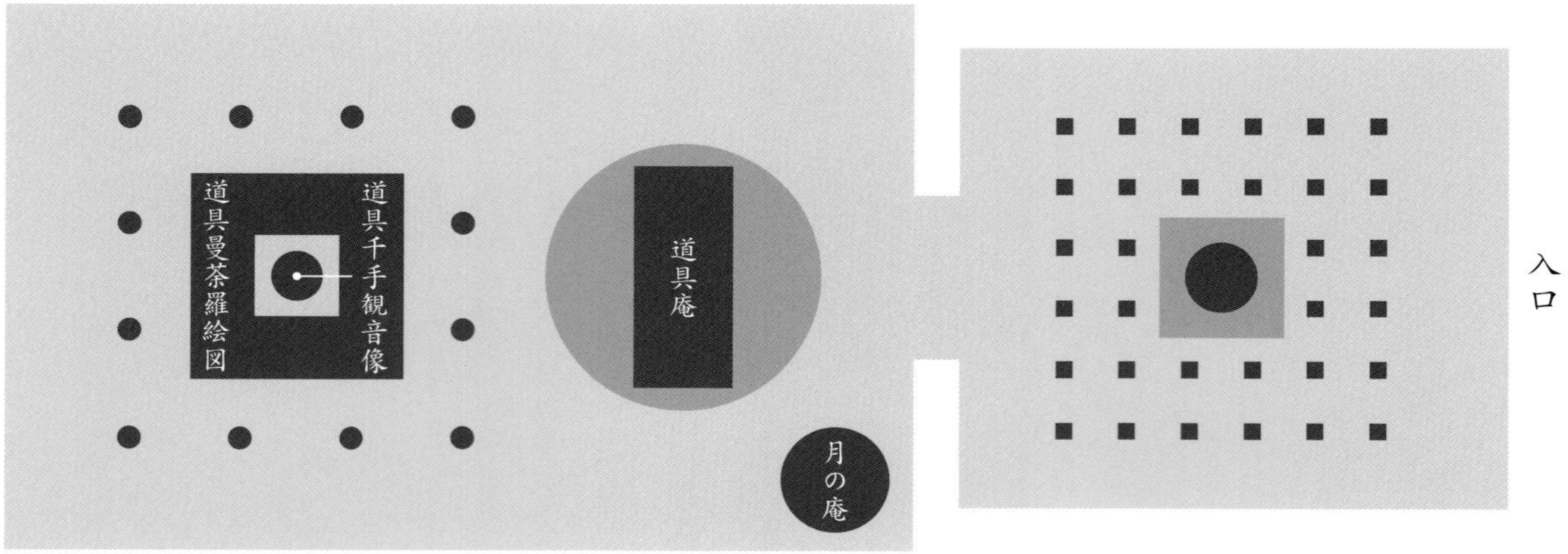


［現代の道具世界曼荼羅］

［山籠修行と建立発願］

［道具寺道具村構想］

## 「現代の道具世界曼荼羅」

人間の世界を豊かに彩る道具世界の有様を、日常生活の様々なシーンから選び出し紹介する。家庭で使われる日用品から、産業を支える工業製品、そして都市環境づくりに貢献する様々な道具達を、現物や模型としてケース内に展示した。それぞれの道具の存在を通じて、日々の生活が、いかに多くの道具に支えられ成立しているか、そして道具の大切さを、さらには、その美しさと力強さを、感じとってもらえるであろう。

## 「山籠修行と建立発願」

平成十七年十月下旬に、和歌山県白浜町の山林にて栄久庵憲司が山籠修行を行った際の核施設「道具庵」と宿泊施設「月の庵」を紹介する。共にこの山籠修行のために特別に設計されたもので、最新の技術を導入した「現代の庵の提案」である。これは、新しいものづくり道具づくりへ向けて、自然と人工物が如何に調和し存在できるかを、日頃のデザイン活動を通じて、試みたものである。そこには、道具・人・自然の美しい共生を願う心根が込められている。

## 「道具寺道具村構想」

「道具寺道具村構想」のシンボルであり、本展覧会の中心展示である「道具千手観音像」が、立体的に構成された「道具曼荼羅絵図」の上に展示されている。共にものづくりに携わる人々の心のよりどころとなる象徴である。そのまわりには、道具村構想絵図が掲げられ、道具寺道具村を構成する施設の内容が説明される。音・光・香などを用いた全体演出を通じて、人間と道具の共生する将来世界のイメージが、体感できる。また、会場のモニターは、道具寺道具村構想の将来予想図等を映し出す。

# 道具千手観音像と道具曼荼羅絵図

道具千手観音像

現代人の心の歪みに
道具観音は心の救済を与える
感性の希薄化に
道具観音は感動の開発を促す
人間精神の空白化に
道具観音は精神の充足を補う
生き甲斐の喪失に
道具観音は生き甲斐の持続性を促す
生命を軽んじる状況に対して
道具観音は生きることの楽しみを教える
かくして道具観音は道具の道を示す

素材、仕上げ

本　尊　木彫檜、寄木造り、古色仕上げ
持　物　真鍮、金メッキ(彫金、鋳金)
光　背　真鍮、金メッキ(彫金)
胸飾り　真鍮、金メッキのベースに各種天然石を配す

五重蓮華座
蓮華部　木製、古色仕上げ(差し連弁)
敷茄子　木製、古色仕上げ
返　花　木製、古色仕上げ
上　框　木製、古色仕上げ
下　框　木製、古色仕上げ

# 道具曼荼羅絵図

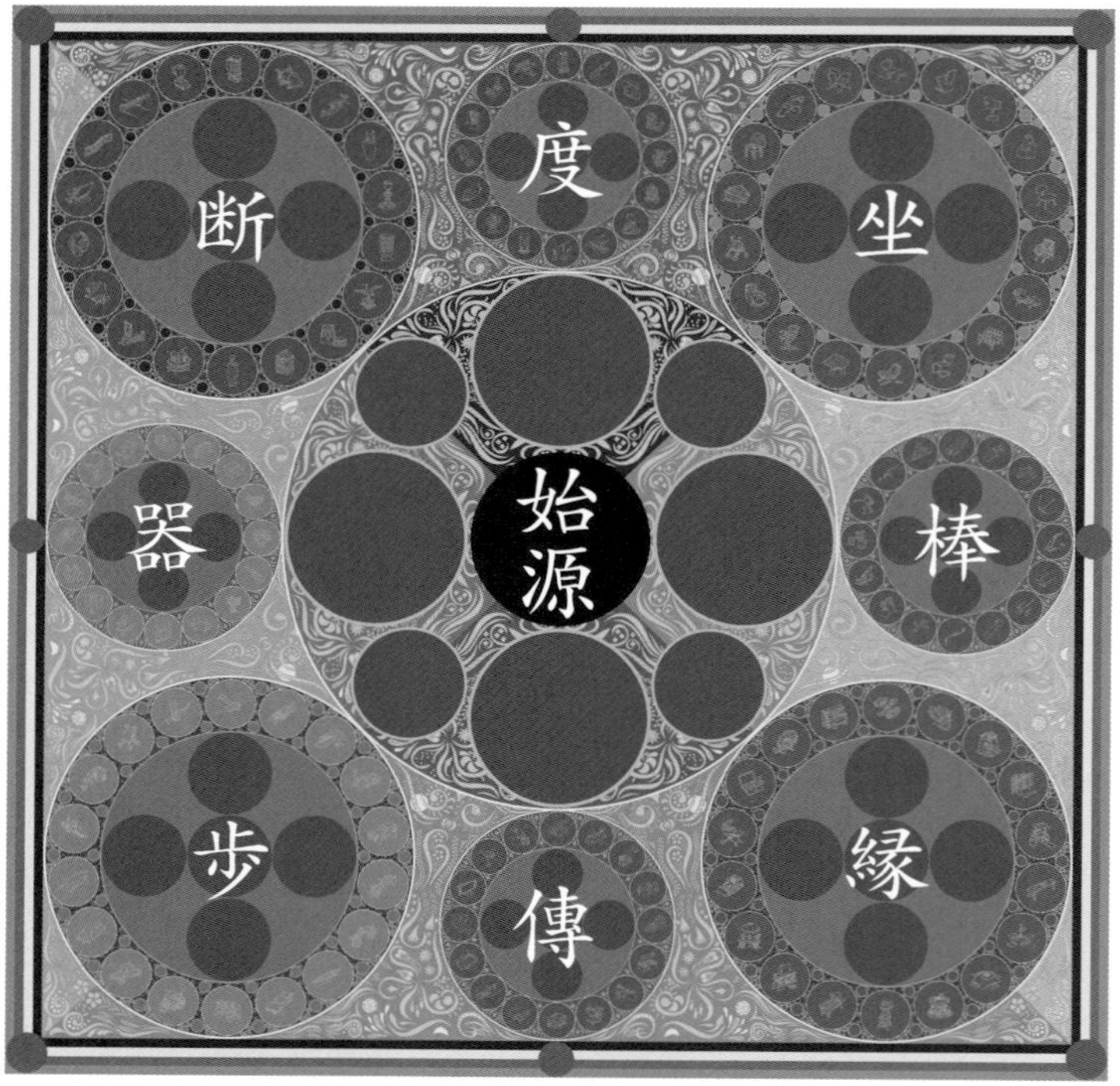
度
断
坐
器
始源
棒
歩
傳
縁

始源

坐

# 棒

縁

傳

# 歩

# 器

# 断

度

# 道具村絵図

道具寺道具村
イメージ図

# 道具村の構成

# 【道具寺】

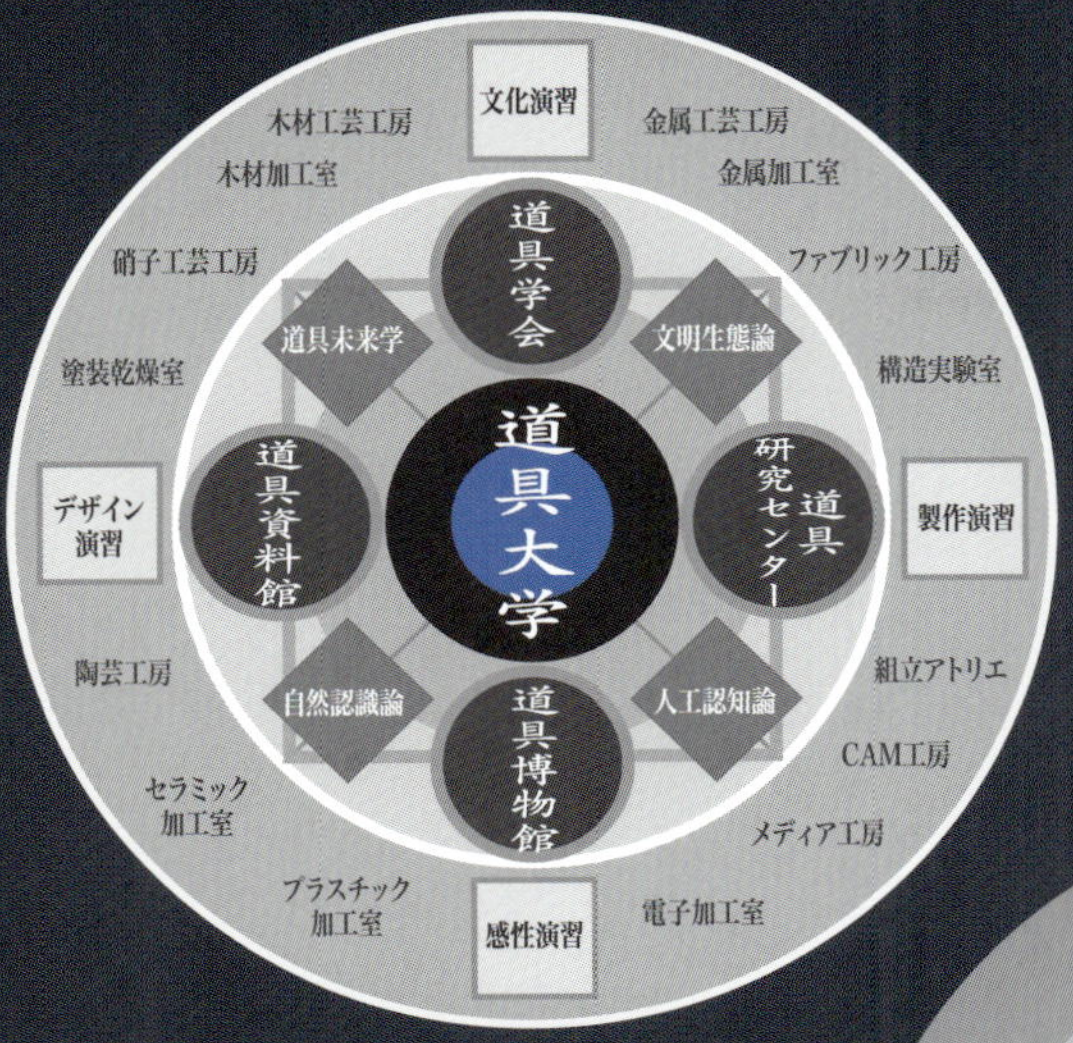
道具大学
道具学会
道具資料館
道具研究センター
道具博物館
道具未来学
文明生態論
自然認識論
人工認知論
文化演習
デザイン演習
製作演習
感性演習
木材工芸工房
金属工芸工房
木材加工室
金属加工室
硝子工芸工房
ファブリック工房
塗装乾燥室
構造実験室
陶芸工房
組立アトリエ
CAM工房
セラミック加工室
メディア工房
プラスチック加工室
電子加工室

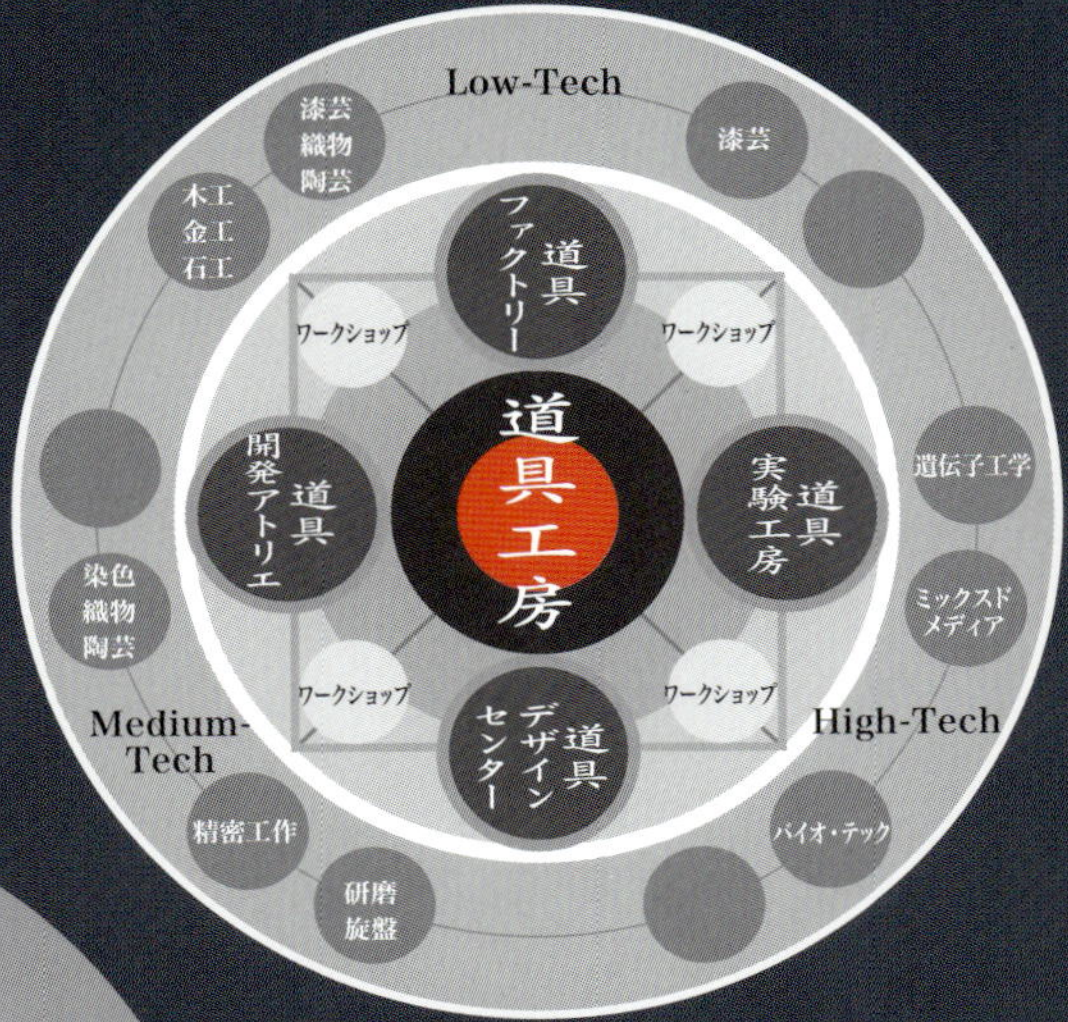
Low-Tech
漆芸 織物 陶芸
漆芸
木工 金工 石工
道具ファクトリー
ワークショップ
ワークショップ
道具工房
道具開発アトリエ
道具実験工房
遺伝子工学
染色 織物 陶芸
ミックスドメディア
ワークショップ
ワークショップ
道具デザインセンター
Medium-Tech
High-Tech
精密工作
研磨 旋盤
バイオ・テック

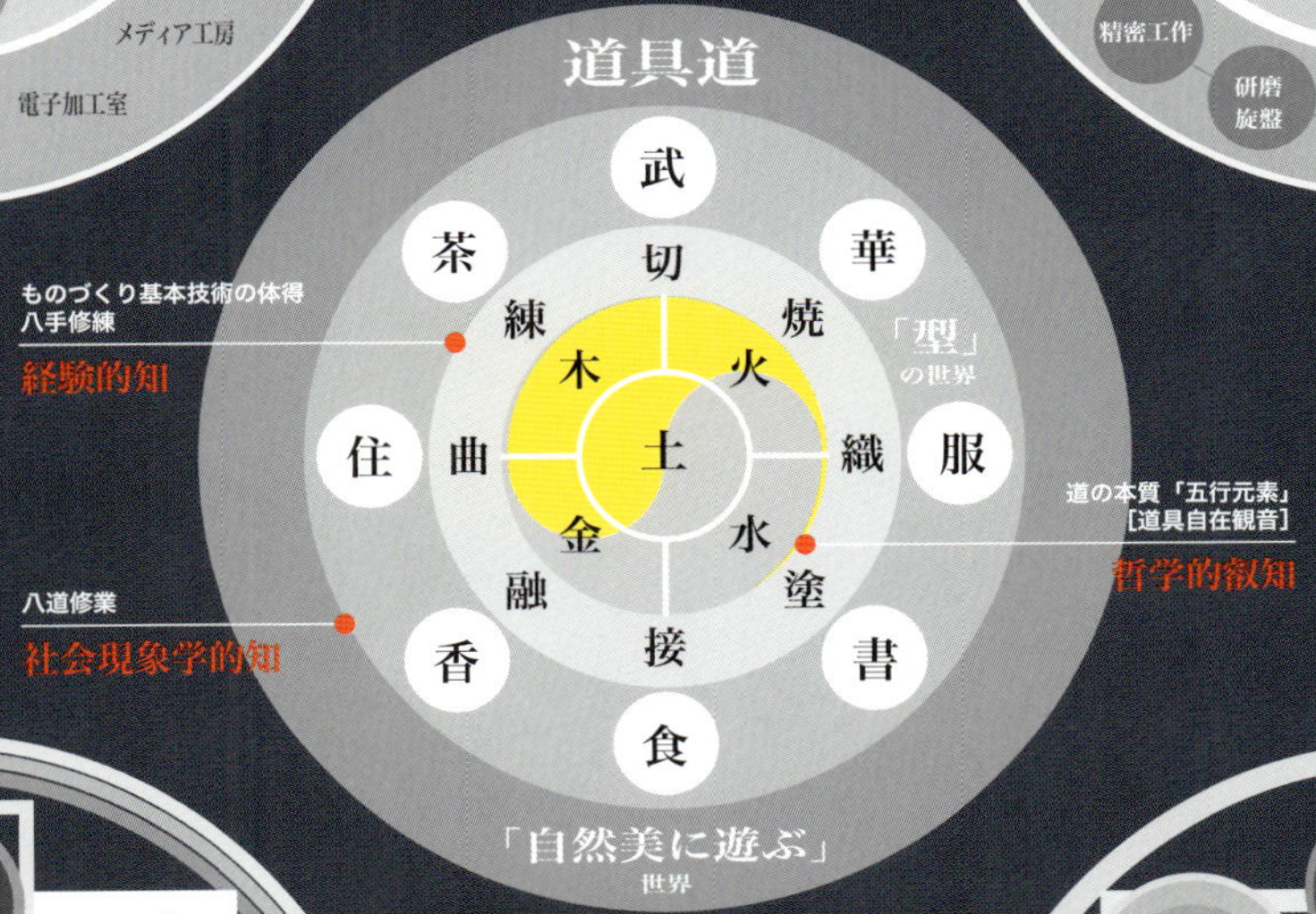
道具道
武
茶
華
切
練
焼
木
火
土
「型」の世界
住
曲
織
服
金
水
融
塗
香
接
書
食
「自然美に遊ぶ」世界
ものづくり基本技術の体得
八手修練
経験的知
八道修業
社会現象学的知
道の本質「五行元素」
[道具自在観音]
哲学的叡知

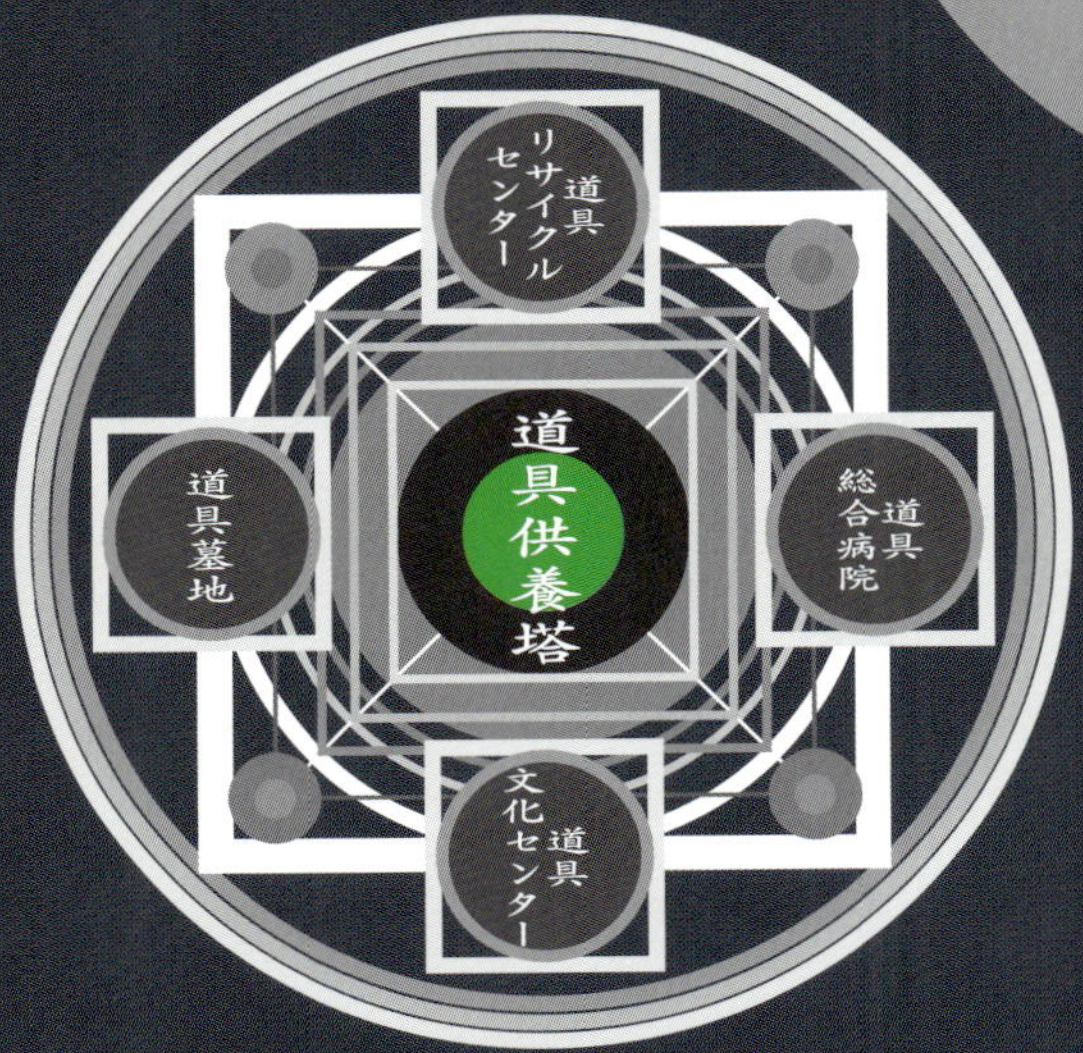
道具リサイクルセンター
道具墓地
道具供養塔
道具総合病院
道具文化センター

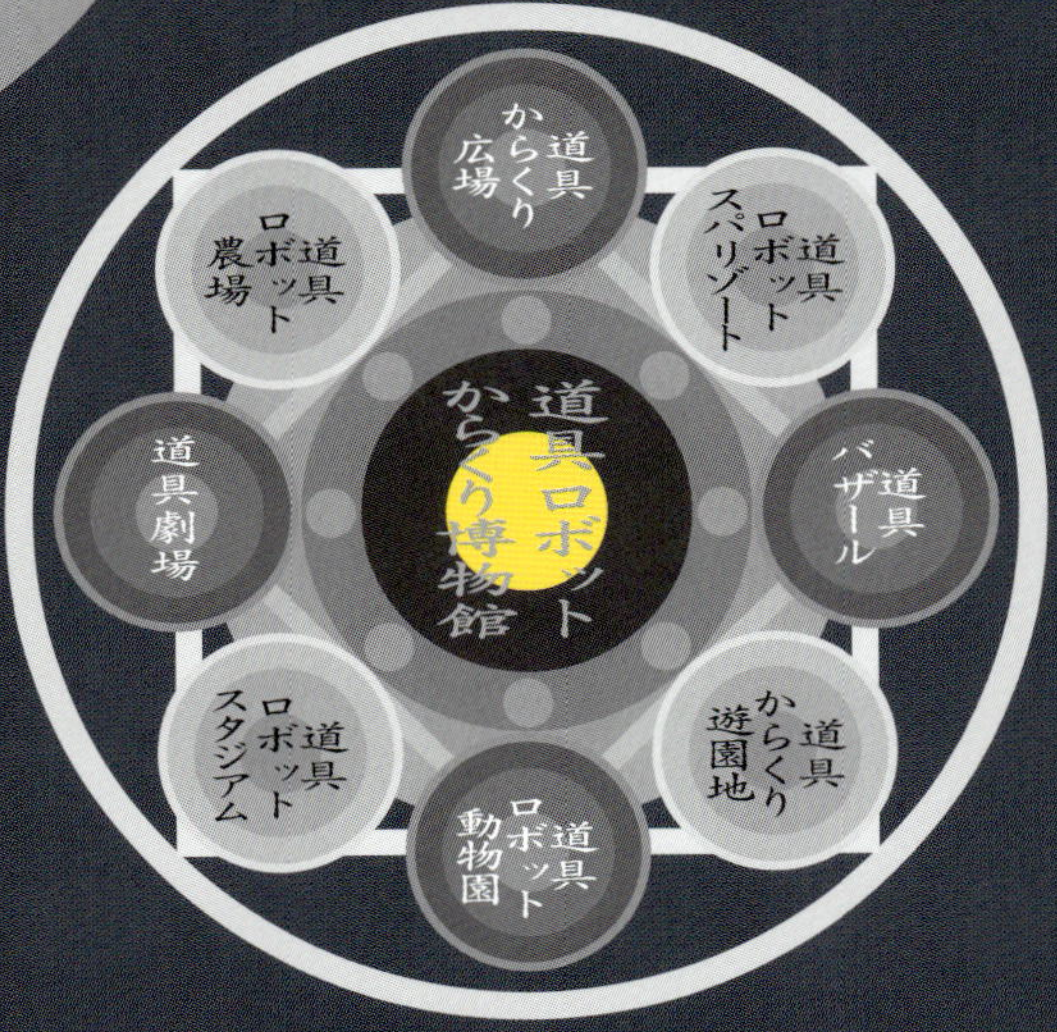
道具からくり広場
道具ロボット農場
道具ロボットスパリゾート
道具劇場
道具ロボットからくり博物館
道具バザール
道具ロボットスタジアム
道具からくり遊園地
道具ロボット動物園

未来の道具作りを願う道具村の中心施設。同時に道具道を修行する厳しい「道具道場」である。

# 道具寺

道具村の中心は道具寺であり 本堂には道具自在観音が祀られる
その手に携えられた道具には 人々の悩みや願望が表象される
道具自在曼荼羅には 人とものとの在り得べき関係が図示され
道具教の教義による経文は 道具自在観音経と総称される
これら全てが道具寺の魂であり 中心的設えである

道具寺は同時に厳しい修験の場である
ものの存在に迫り ものづくりの意味を求める厳しい修行
繰り返し重ねられるものと人の交歓
大らかな心と真摯な態度を通じて 多くの技が磨かれてゆく
ものと対置する様々な伝統的方法が伝承されればこそ
未来へ向かう研ぎ澄まされた奥義が極められてゆく

DO GU

# 道具道場

道具道場は「道具道」を学ぶ修験の場であり
本堂とならぶ　道具寺の基幹施設の一つである

「美をもって具は道を得て道具となる」
「人は道具を得てその道を悟る」

道具道とは　ものに込められた魂の在処をたずね
道具に内在する「美」を引き出すこと
また　そのための総合作法である

それは同時に　専門的に極められた「諸道」
（武道・茶道・住道・香道・食道・書道・衣道・華道）
を統括した「各道の集大成」でもある

またその修行に当たっては　道具道を構成する「諸術」
（切術・曲術・接術・溶術・織術・塗術・焼術・錬術）
を修練し習得する
その結果　将来のものづくりに対する基本的姿勢と
道具創造に対する基礎的作法を体得することとなる

食道

茶

# 道具供養院

（道具供養塔）

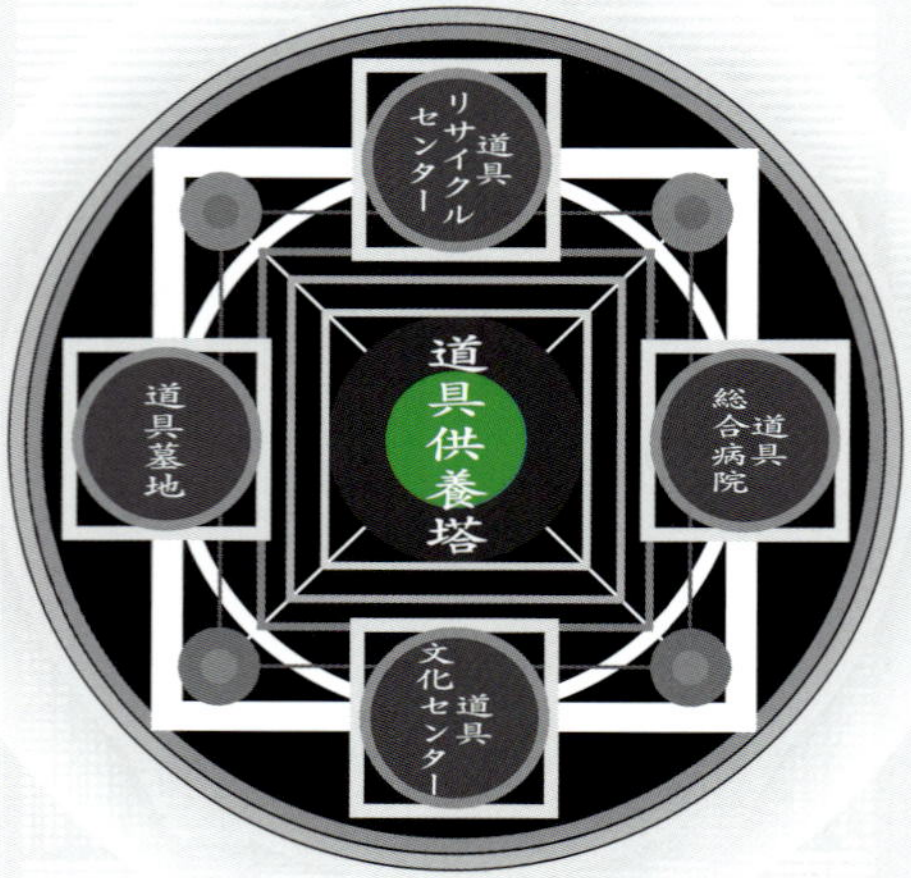


道具供養とは諸物を供え道具の極楽往生に資すること
それは日頃の大きな感謝と尊敬を持って道具を弔うことである
十月九日は「どう・ぐの日」毎年道具供養祭が開催される
毎月九日を供養の日とし 年間を通じて道具の供養を行う
それらは道具寺の歳時記としてめぐる季節を華やかに彩る

道具供養院は道具供養塔をそのシンボルとして展開される
道具供養塔には中心に道具自在千手観音が安置される
その周囲には 道具総合病院 道具墓地などが設置される

道具供養院は生々流転する道具達の安息の場である
華やかな死出の旅に出た道具達は 輪廻転生を繰り返し
新たな生命として再び人々にまみえることとなる

道具供養塔では 様々な道具供養が執り行われる
伝統的な人形供養・針供養・家具供養から
あらたに 自動車供養コンピュータ供養・携帯電話まで
ありとあらゆる道具達がその対象となる

道具病院はいわば 道具リサイクルセンターでもある
傷ついた道具 壊れた道具が ひっきりなしに集まる
いったん運び込まれると そこで修理もされ解体もされる
チューンアップされ オーバホールされ
新たな命を受けて また人々との共生の世界へ戻るもの
状況によっては 安らかに道具墓地へと誘われ
永遠の眠りにつくものもあろう

人に「生老病死」があるように
道具にも 同じくうつろう命があり魂がある
道具の輪廻転生は 人と共にあり
人々の人生は 道具の懸想に彩られる

1900
2000

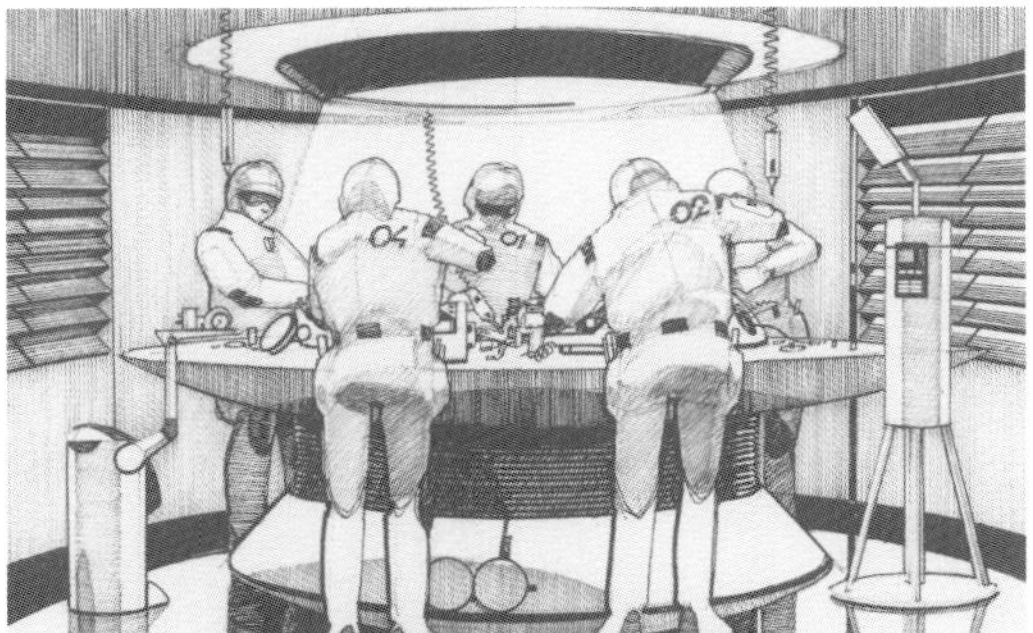
04
01
02

# 道具探究院
（道具大学）

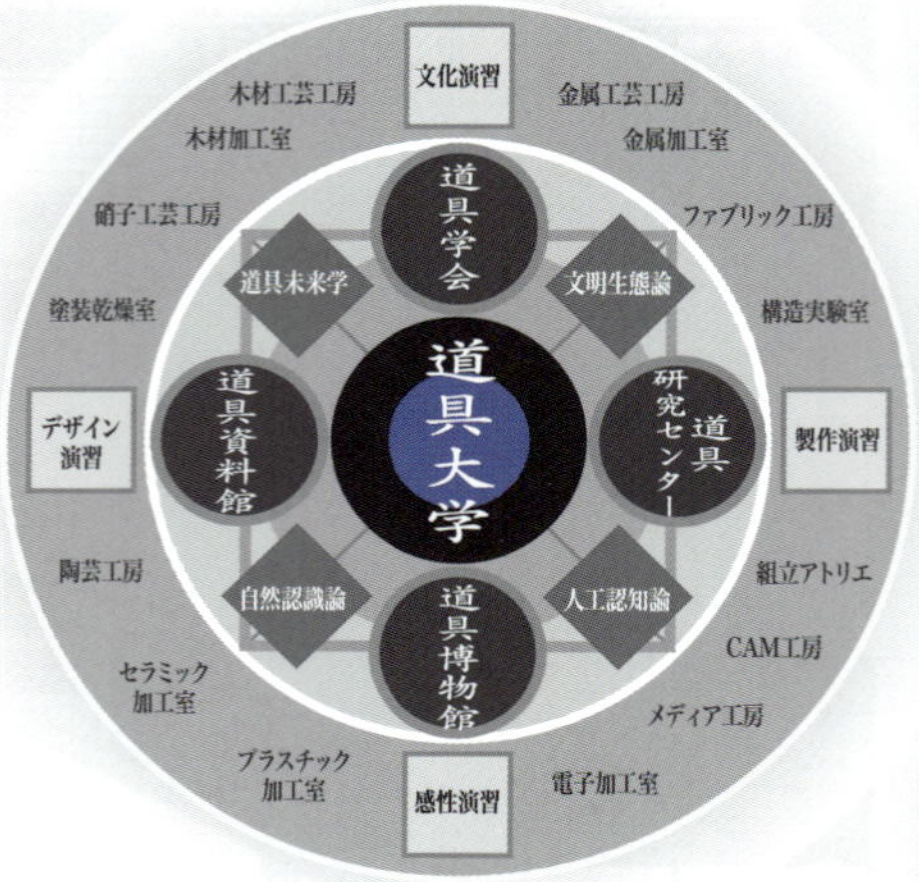


道具探求とは道具の存在に迫り道具の本質を求めること
そしてその理を極めもの文化・文明の役割を問うこと
すなわちもの世界を見つめ直し新たな道具創造を誘うことである

その中心哲学をなすのは道具学の思想 そして道具道の追求
道具世界の理想郷を探求しその為の人間教育を実践すること

道具探求院は道具大学を中心に構成される
道具研究センター・道具博物館・道具資料館などがそれを囲む
それらは 高度な道具学 道具設計・製造学そして
道具世界関連諸科学をもって編成される道具学研究施設である
そしてまた 道具世界の求道者を養成する館であり
絶えざるものへの探求心渦巻く知の坩堝でもある

道具大学は 道具の理想郷への道を 日本はもとより
アジアそして世界へと求める
その伝統と先端の叡智を集め物心一如の道具のあり方を探求する
そしてその実体化を図る人間教育と道具研究の実践を目指す

その目標とするところは
道具の理想郷を探求する気概の修養
自然と人工世界を見通す 先進の感性と科学力の涵養
物に触れ物を知る 道具開発を実践する感性の養成
学びて足らざるを知り 教えて困しむを知る場の形成
諸事を重ねて芯を通す 継続する向学心の醸成
小を重ねて大となす 労を惜しまぬ精神の涵養

道具大学は 道具学を専門とする
四年生の一学部一学科の構成を持つ 全寮制の大学である
道具の価値を見つめる「道具論」を基点に
日本の伝統文化を体得する「文化演習」
身体の感性を高める「感性演習」
あらたな道具を構想する「デザイン演習」などで構成される

# 道具開発院

（道具工房）

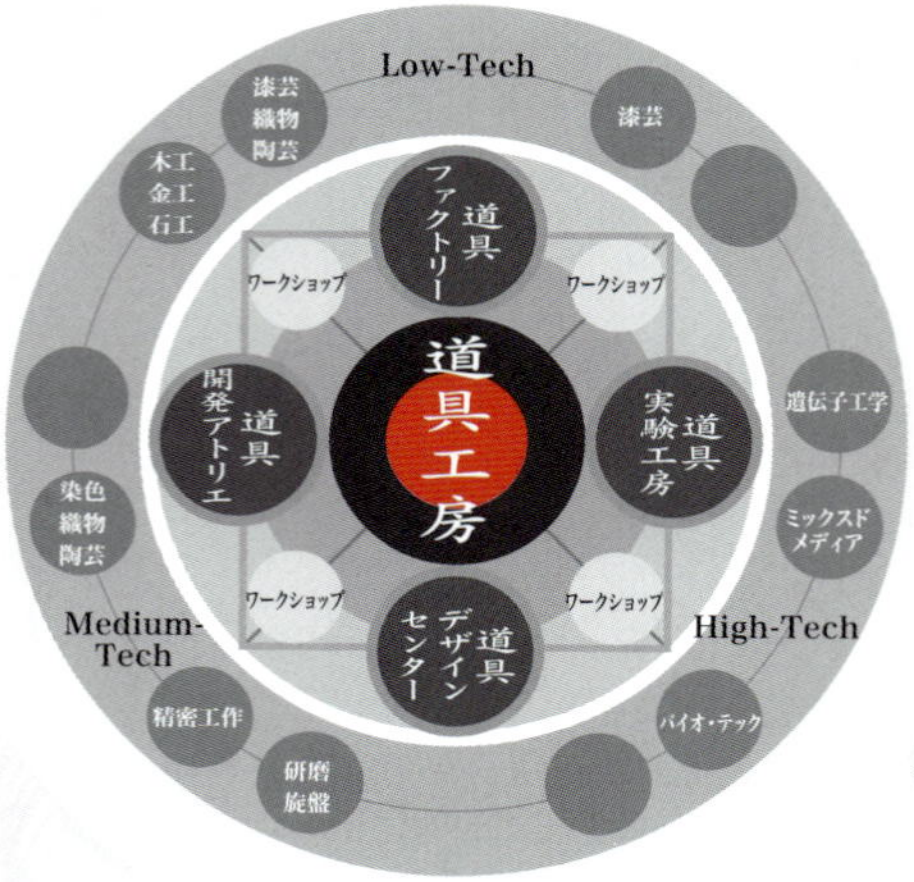


道具開発とは道具の本質を極めそれらを形に在らしめること
そして新種の道具をこの世に送り出すこと
そこには道具寺修験坊の魂が受け継がれている

ものづくりへの情熱と努力は様々な新しい試みを生む
この世に新たな生を受けた道具達が勇んで歩み始める

道具開発院は道具工房センターを核に展開される
伝統的手技から先端技術までものづくりに関わる諸技術が集積
様々な道具工房群では共同研究や開発が行われ
その成果は道具バザールなどで流布され広く国内外に広まる
刻々と変化するものづくりの現場は休むことを知らない
道具開発院は常に創造され続ける道具達の出陣の場でもある

道具工房センターは
様々な専門の技術を持つ工房群から成り立っている

それらは大きく金工・石工・木工・漆芸・染色・陶芸・織物などの
伝統技術に代表される「ロー・テックの世界」
旋盤加工・射出成型・精密加工・NC制御などの
近代技術を中心施設に持つ「ミディアム・テックの世界」
そしてバイオ・テック・遺伝子工学・ミックスド・メディアなどの
先端技術を内包する「ハイ・テックの世界」の三領域で構成される

それぞれの道具工房では
道具道場で培われた　ものづくりの精神と技が基本となり
道具大学をはじめ　様々な研究開発機関との共同により
いくつもの新種の道具達が　考案され試作され
そして創り出されてゆく
その作品は　道具バザールに代表される
道具村の様々なところに見つけることが出来る

CLINIC
クリニック

# 道具為楽院
## （道具ロボットからくり博物館）

道具為楽とは道具に秘められた楽しみを発見すること
そしてそれを形に取り出し 惜しみなく享受すること

道具に込められた人々の夢憧れ その願望の彼方には
人とものとが共に求める道具世界の未来像がある
共通の生き甲斐の発見こそ道具為楽の彼岸である

道具為楽院は道具ロボットからくり博物館を中心に展開される
道具の総合エンターテインメント施設である

メカニマル昆虫館・水族館などで構成される道具動物園
様々な道具の物語が語られ演じられる道具劇場など
道具バザールが開かれる道具広場や表参道には人々が集う
道具為楽院は道具が誘う楽しみと喜びの浄土ランドである

ロボットは「ものづくり日本」を代表する道具の一つである
優秀なからくり技術をその伝統に持つ日本のものづくりは
今改めて世界から注目を集めている

道具ロボットからくり博物館では　その認識を背景に
伝統的なからくりの仕組みや　それらを創造した
日本のものづくり精神を紹介すると共に
未来を予見する様々な新しいロボットの
提案展示や試作の公開を行う

専門家に限らず　小さな子供をはじめとして
広く多くの人々がそれらに触れ
その楽し差を享受できるために
様々な工夫が為されることとなる

道具ロボットからくり博物館は
道具と共に楽しみを分かち合う　喜びの浄土ランドである

ロボット リサー
センター

Robot Labora
ロボット研究所

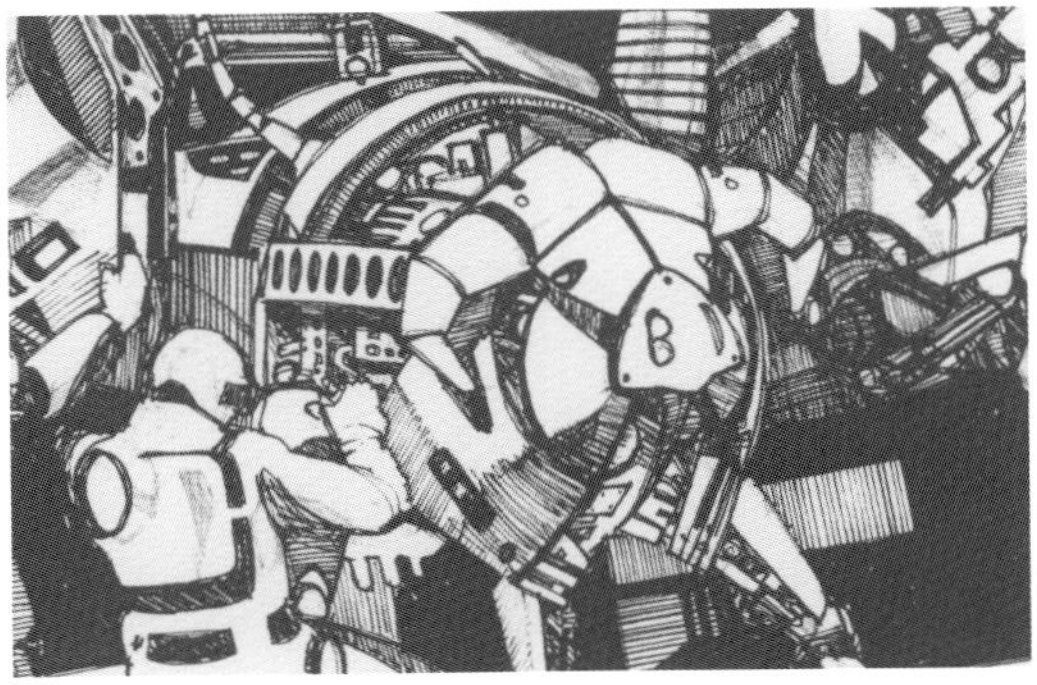

# 道具広場
# 道具表参道

道具バザールが開かれる道具広場や表参道には人々が集う

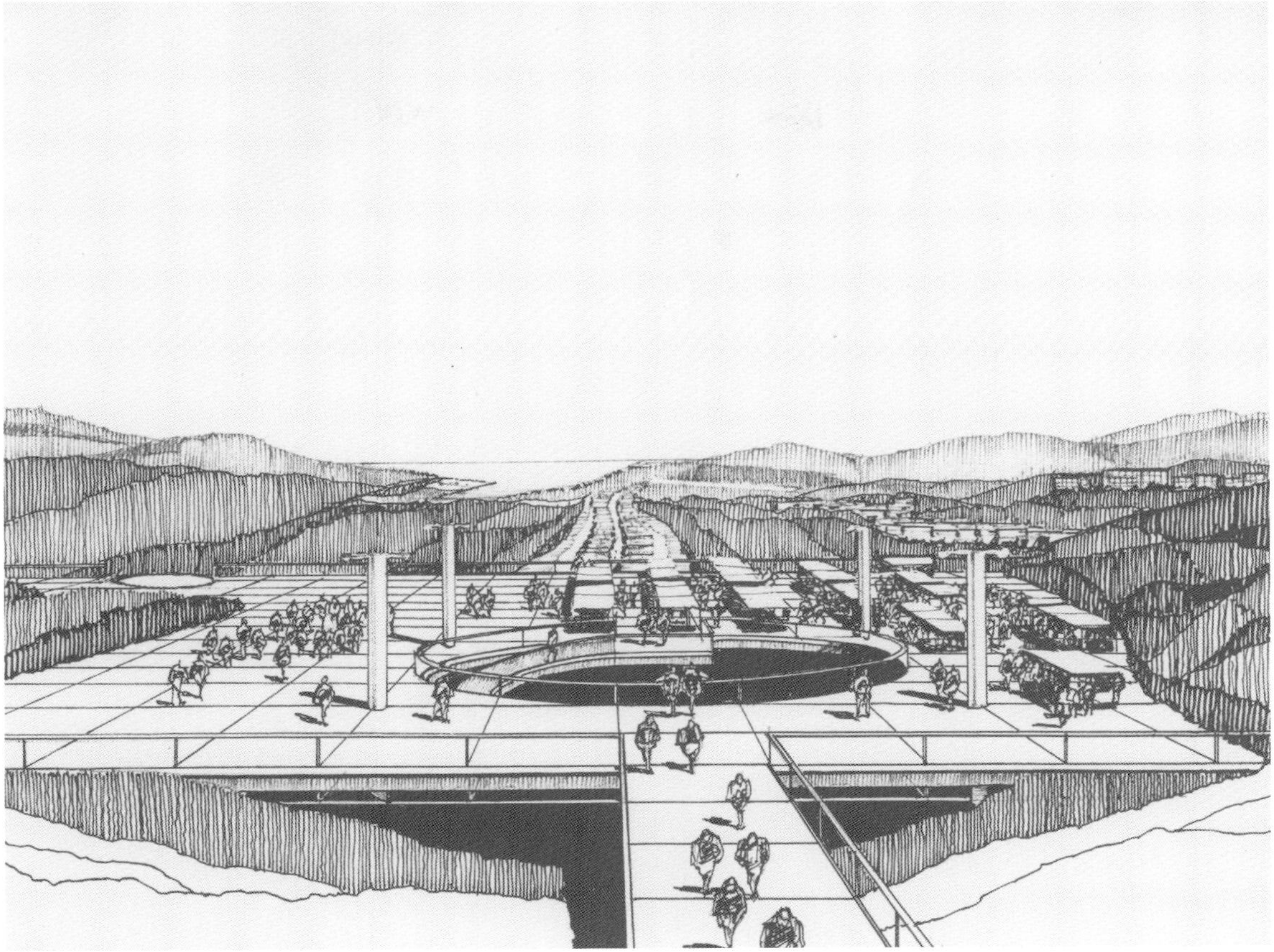

# 山籠修行と建立発願

道具幕（参考・道具拝借）

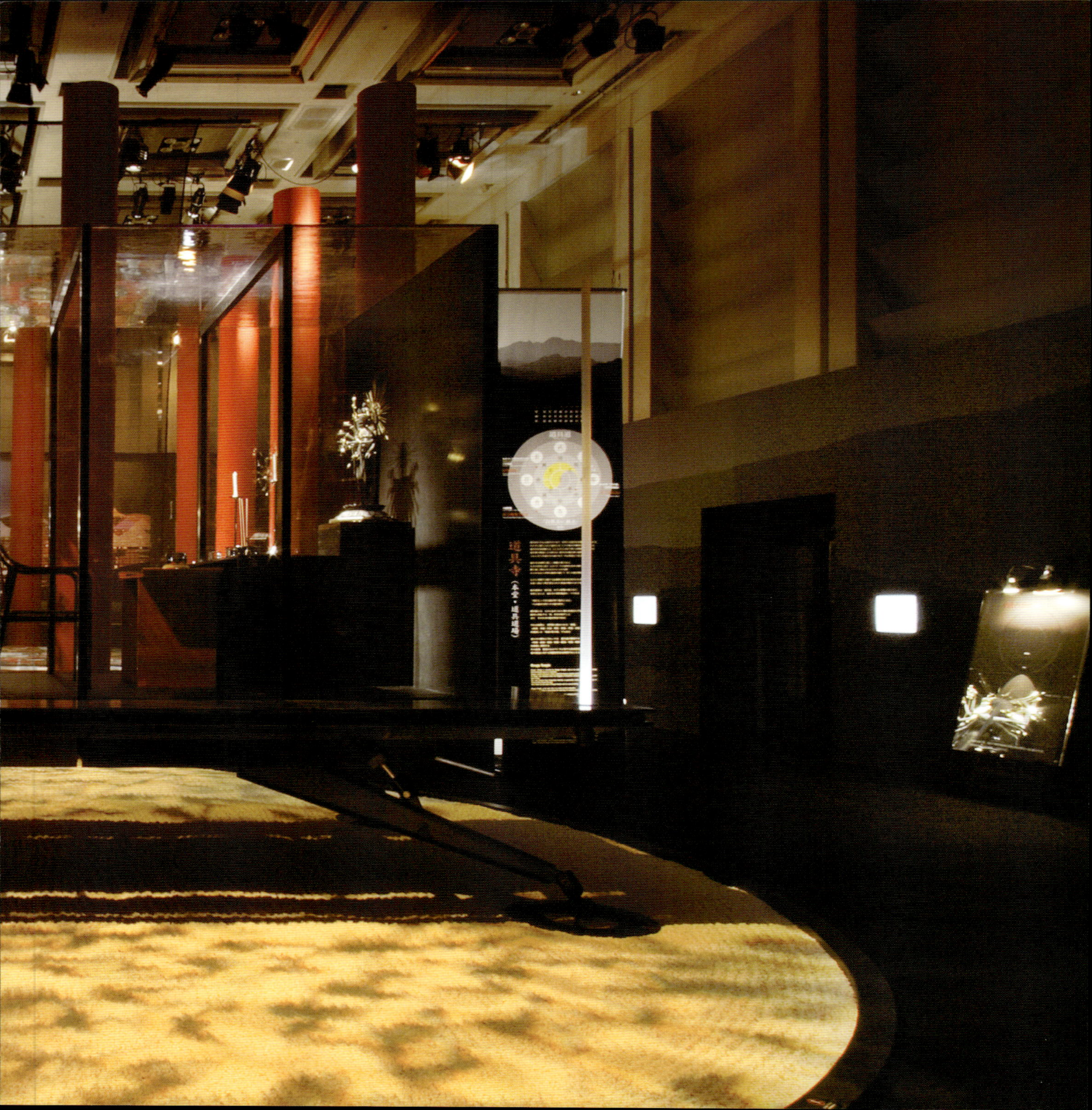

# 道具庵

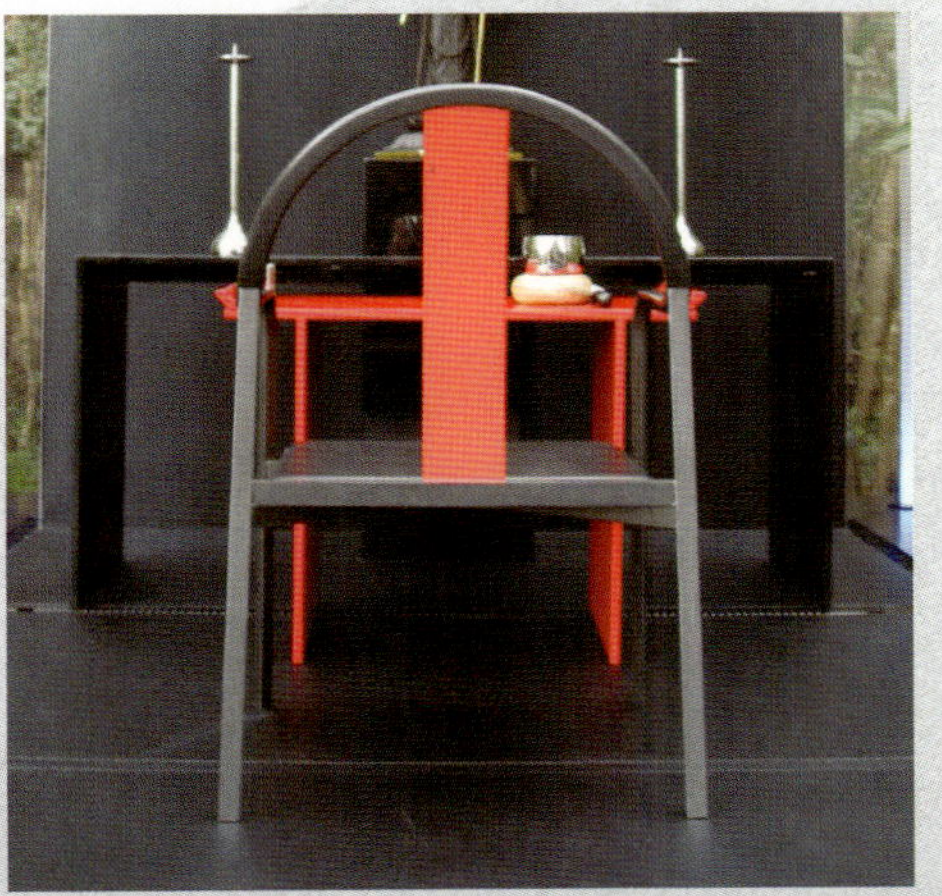

# 月の庵

# 現代の道具世界曼荼羅

## Neural Objects Collaboration「光遊戯」

GK自主研究　1994〜

“Neural Objects”は「いきもの」が持つ柔らかさ、自律しつつ協調する仕組みを基本コンセプトとし、テクノロジーを触媒として、道具・環境・人間のインタラクションを「遊ぶ」実験的なObjectsである。光をエネルギーとして動きまわる「好光玉虫」と、ものの動きを感知して光る「あしあと」。光によって二つを一体化し、道具と人、そして道具と道具が交感する仕組みの創造を試みた。
複数の玉虫が円形のステージ上を自由に転げ回りながら衝突を繰り返す様は、混沌とした現代の道具世界の象徴であり、「現代の道具世界曼荼羅」展示の主題を表している。

モルフォI、II（コンセプトモデル）
ヤマハ発動機株式会　1989(I)　1999(II)

生命体のデザインMORPHO－無機質なマテリアルを柔らかなメカニズムより、どんな形態にするか、人と機械、環境、安全という問題に如何に調和させていくかという新しい概念。

ヤマハ・モーターサイクル
ヤマハ発動機株式会社　1955～

ミニマムな質量や形状が、最大のパフォーマンスを引き出す。ヤマハ発動機の第１号機YA-1から貫かれているモーターサイクルデザインの基本コンセプトである。（模型：YA-1, SR 400）

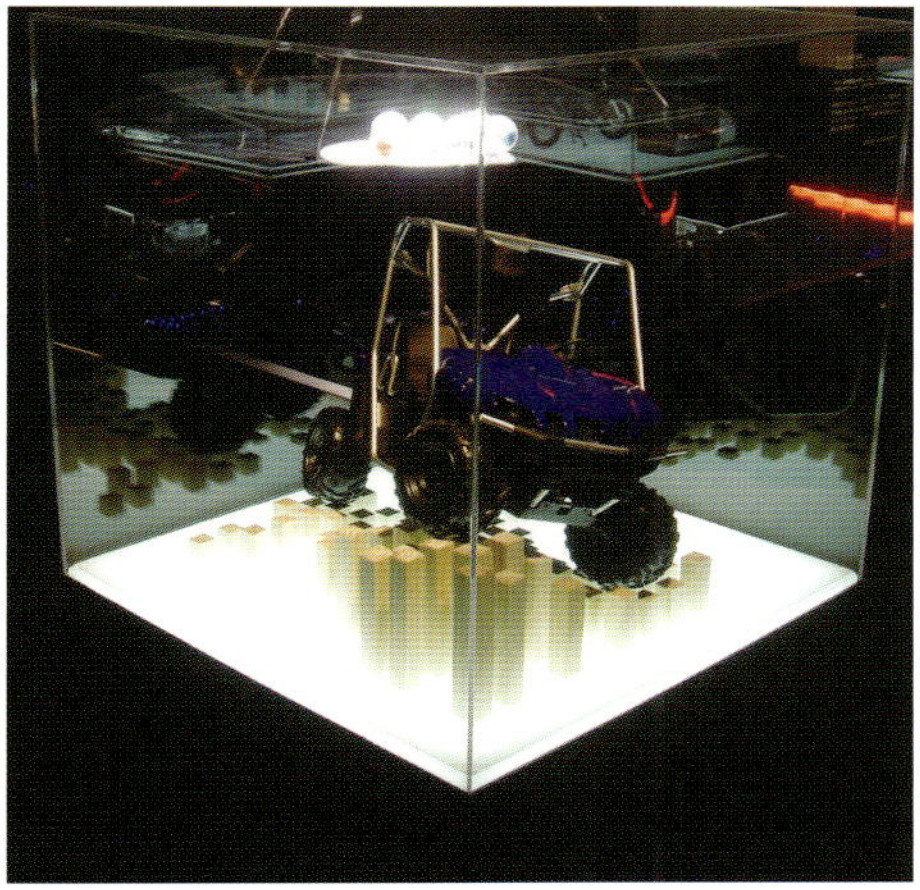

ライノ660 4X4
ヤマハ発動機株式会社　2006

米国向けのオフロード用レジャービークル。道無き道を快適に走る楽しみを、同乗者と２人で共有できるサイドバイサイドのレイアウトが特徴。農作業などにも使える汎用性を持つ。

コメット
Yamaha Motor Europe N.V.　1996

"EMOTION"をテーマにしたアルミによる未来型モーターサイクルのプロポーザル。GKデザインヨーロッパと伊、独、蘭、仏の４カ国のデザイナーによるデザインキャンプを通して開発。

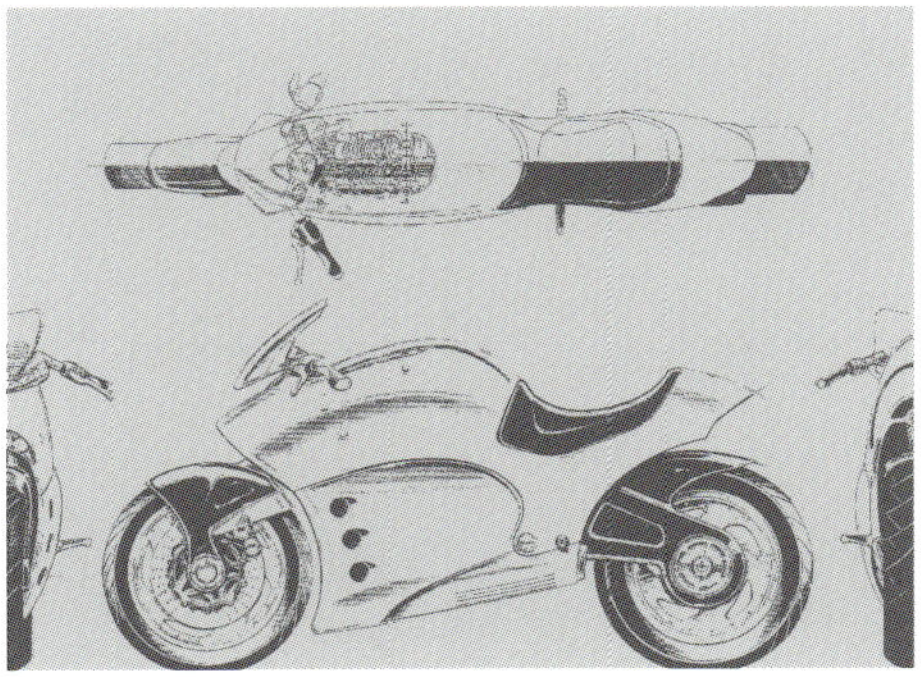

両頁の展示物のデザインはいずれもGKデザイングループ

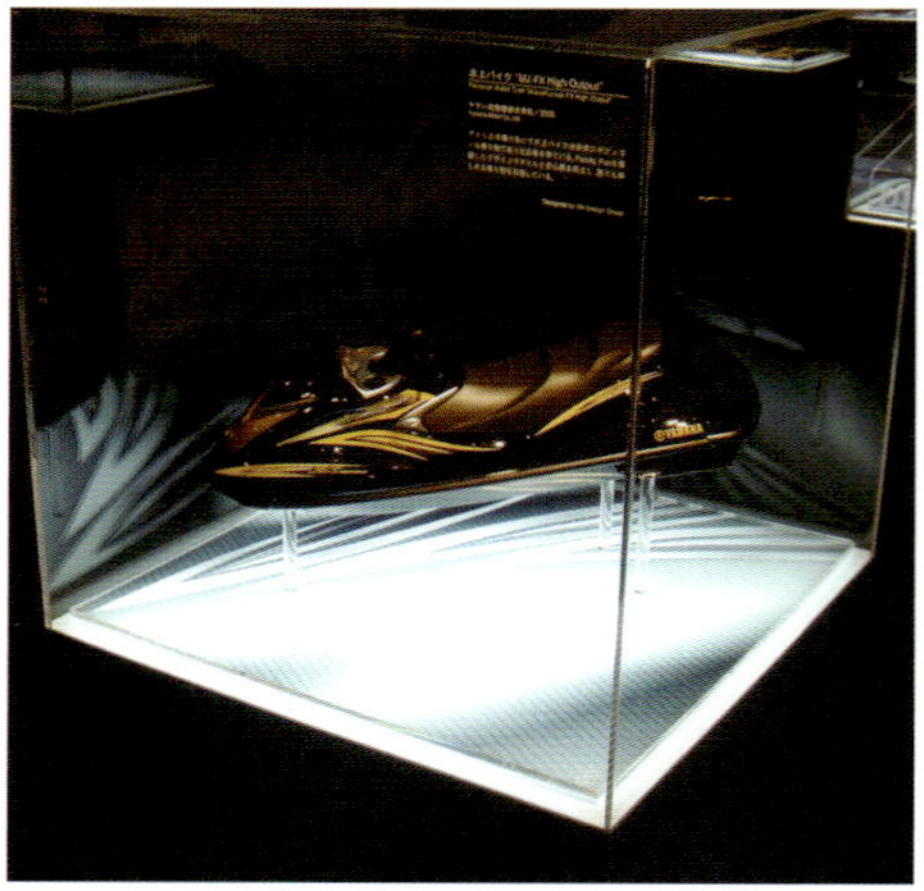

水上バイク "MJ-FX High Output"
ヤマハ発動機株式会社　2005

アメリカ市場において水上バイクは非常にポピュラーな乗り物であり社会権を得ている。Family Funを意識したデザインでスリルと安心感を両立し、誰でも楽しめる乗り物を目指している。

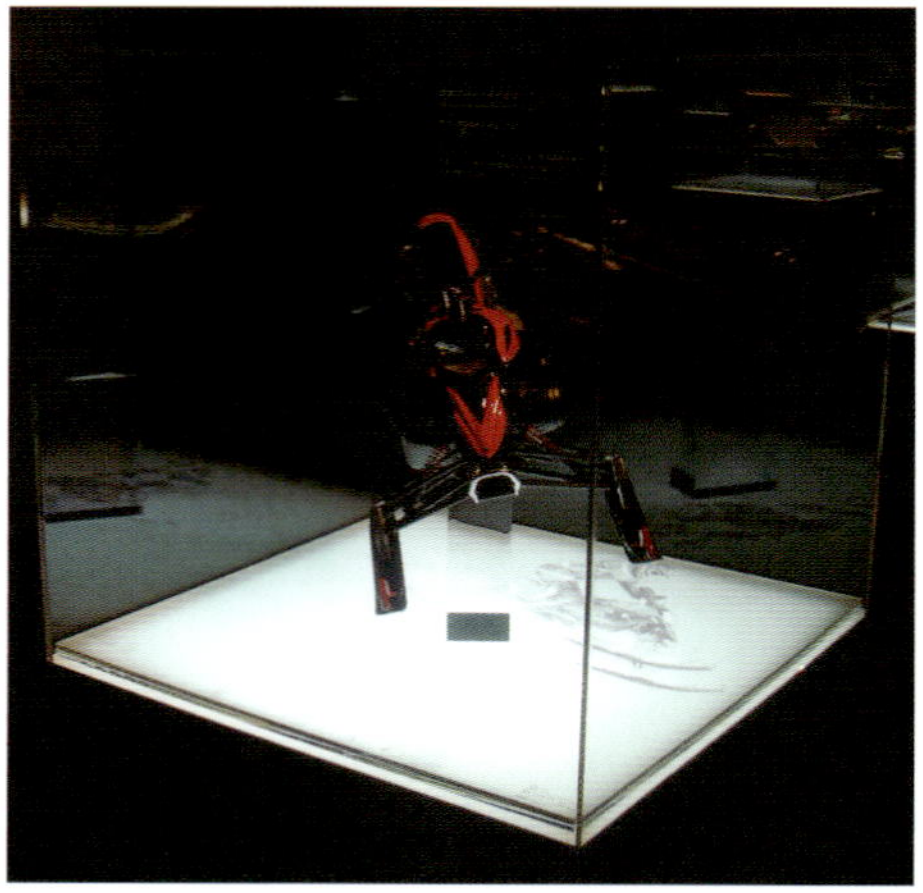

次世代スノーモービル「フェーザー」
ヤマハ発動機株式会社　2006

今までにないスリムで自由度の高い乗車姿勢を基本骨格とし、大雪原を縦横無尽に自在に駆け、雪上の凹凸面を軽快に飛翔するイメージでデザインした。

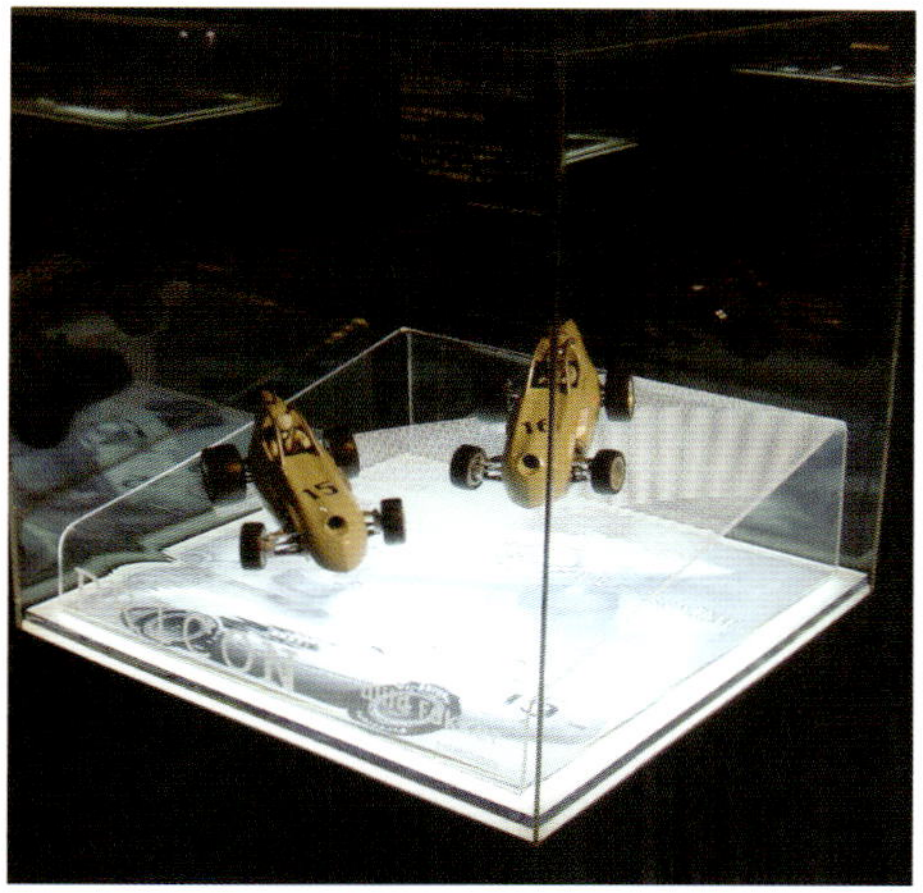

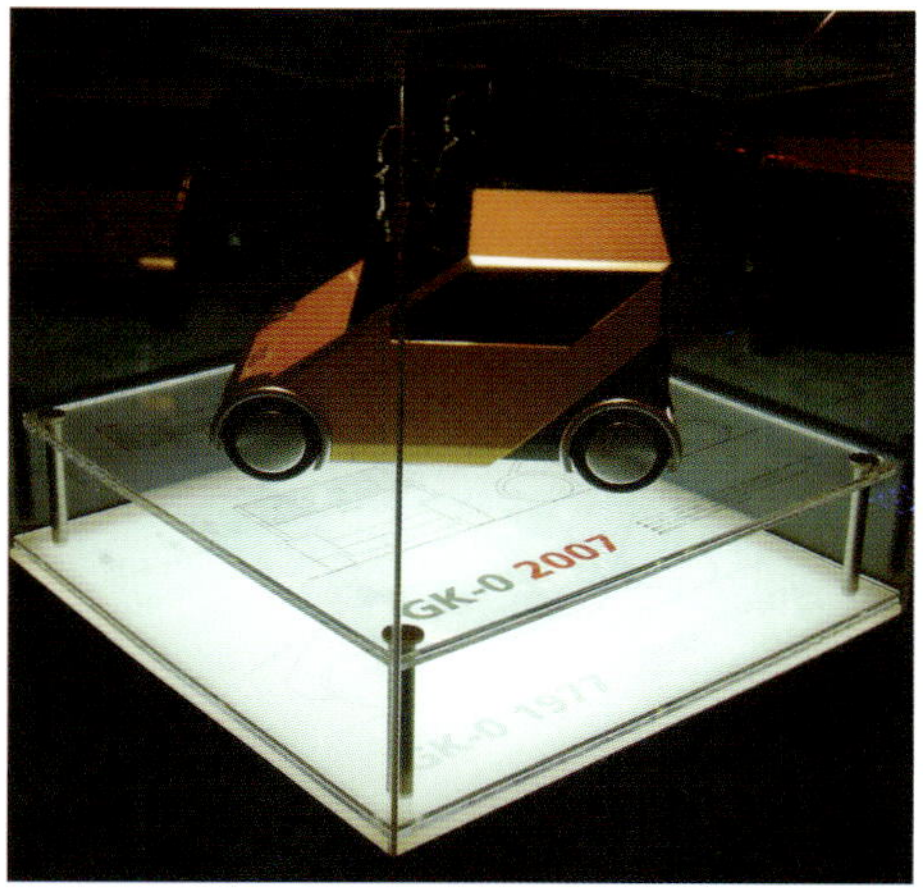


ワイルドフォッカー（ドリコン）
ヒロボー株式会社　1999〜2000

近未来のミジェットカーレースを想定したストーリーにもとづくオーバルコース専用ラジオコントロールカー（室内用）。逆ハンを切りながらコーナーをドリフトさせる独特の操縦感覚を楽しむ。

GK-NVC
GK自主研究　2007

1977年の最小限ビークル提案「GK-0」から30年、『Small but Powerful』の意味を問い直した21世紀のコンセプトビークル。社会性と個人のライフスタイルを両立する、新しい価値観を体現する乗り物。

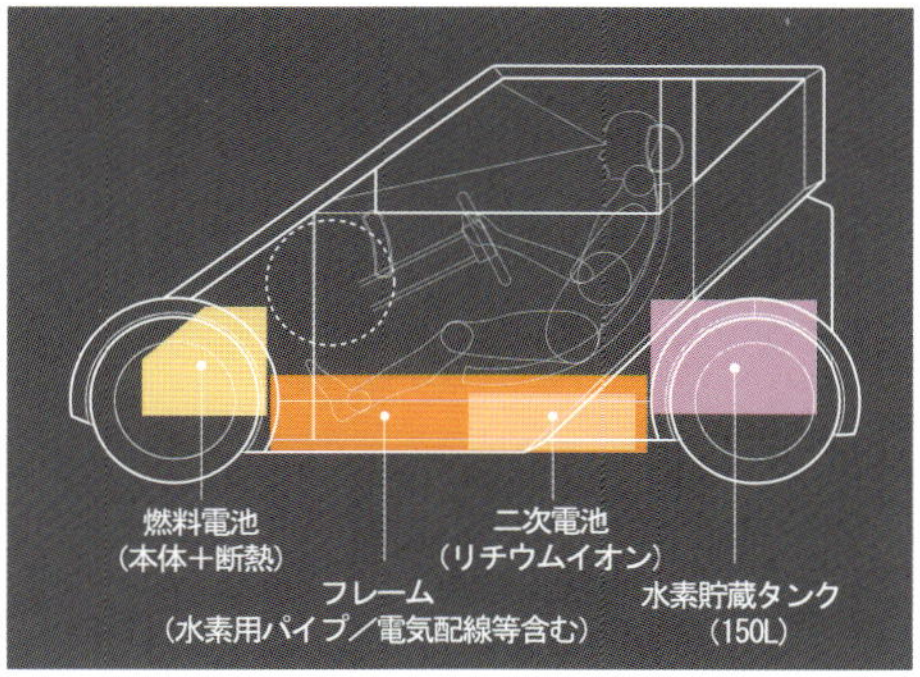


両頁の展示物のデザインはいずれもGKデザイングループ

万上焼酎「駒子」「トライアングル」

キッコーマン株式会社　1984

「駒子」は雪国の女性をイメージし、フロスト加工された白く豊かな曲面シルエット。「トライアングル」は男性タキシードをイメージした黒くシャープなトライアングルカットのボトルとした。

しょうゆ卓上びん

キッコーマン株式会社　1961

誕生以来45年間、世界の食卓で親しまれている長寿商品。工場から出荷し、そのまま食卓に上がるという画期的な容器として登場した。

ステンレス魔法瓶の原型提案と歴史

サーモス株式会社　1979〜

79年、世界初の真空断熱ステンレス魔法瓶「ACT」を提案。87年、パーソナルユース魔法瓶の原型として「シャトルピュア」を、01年、スリムでコンパクトなシリンダー形「FDM」を提案した。

化粧品シリーズ "HERA"

アモーレパシフィック・コーポレーション　1996

韓国の化粧品界をリードするアモーレパシフィック社の高級化粧品。東アジアに通底する宇宙観「天円地方説」に則った造形が創り出す高級感は、現在もなお、多くの韓国の消費者に支持されている。

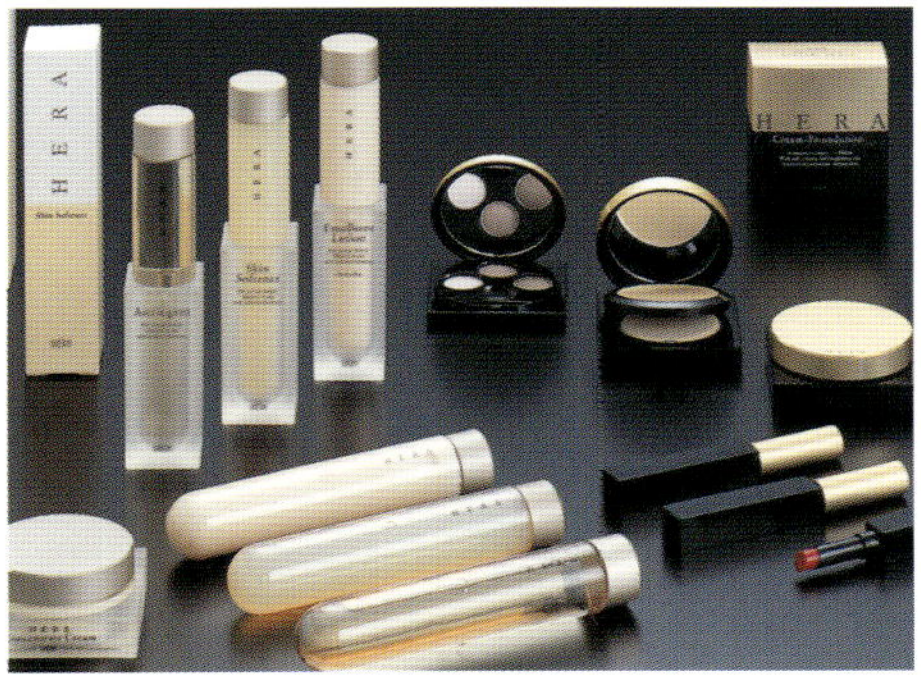


両頁の展示物のデザインはいずれもGKデザイングループ

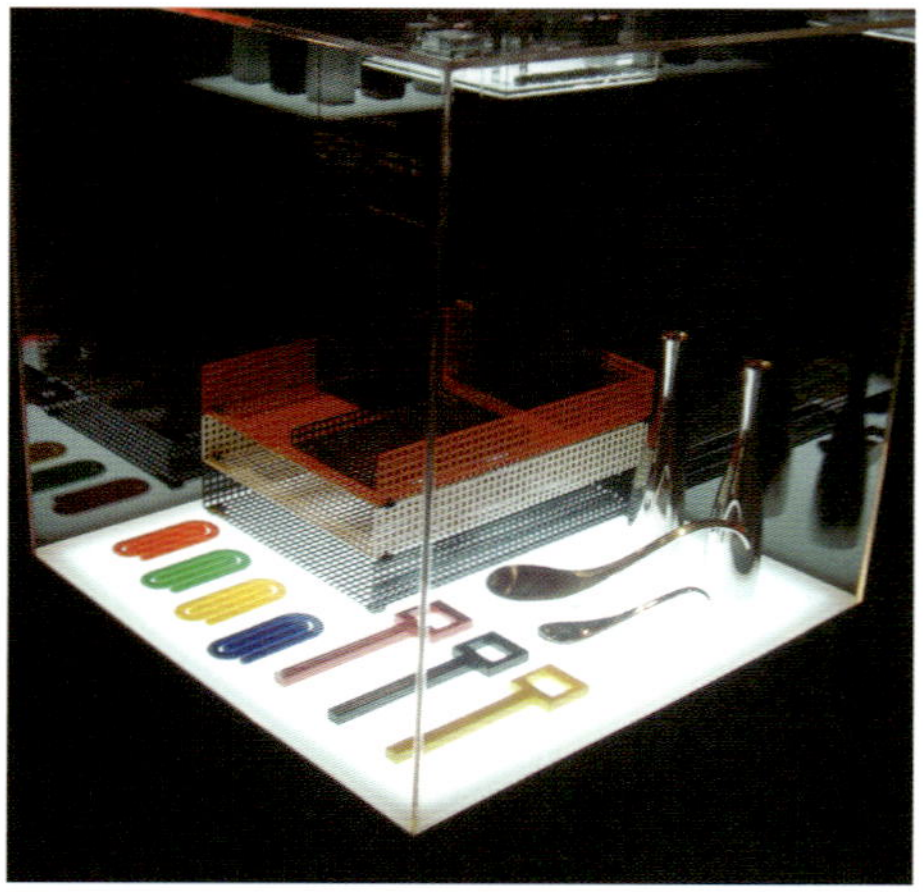

ライトプロダクト
GKオリジナルプロダクト　1973〜1979

生活の中で何気なく使われる小さな道具たち。美しい小物は、身だしなみと似て、人々の行動を整え、暮らしを快適にし、生活を楽しく彩る。

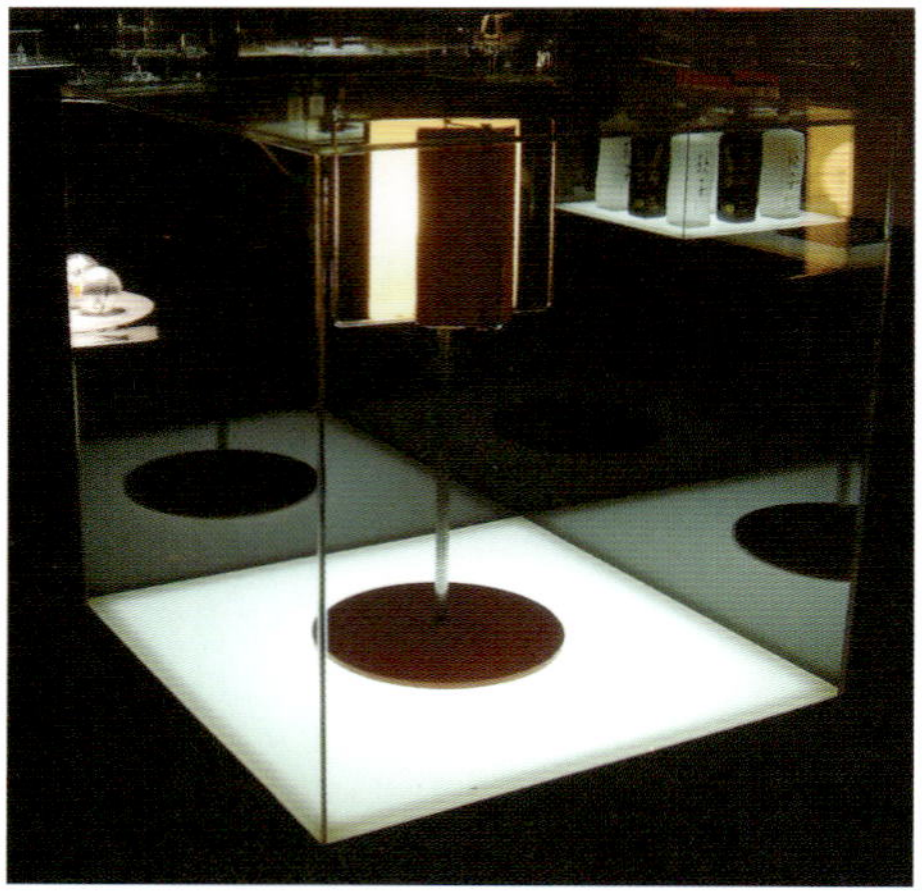

韓国ランプ
GKオリジナルプロダクト　1976

韓国の伝統的な灯具を現代化したランプ。シェードを回転させることにより、やわらかな光の変化を楽しむことができる。

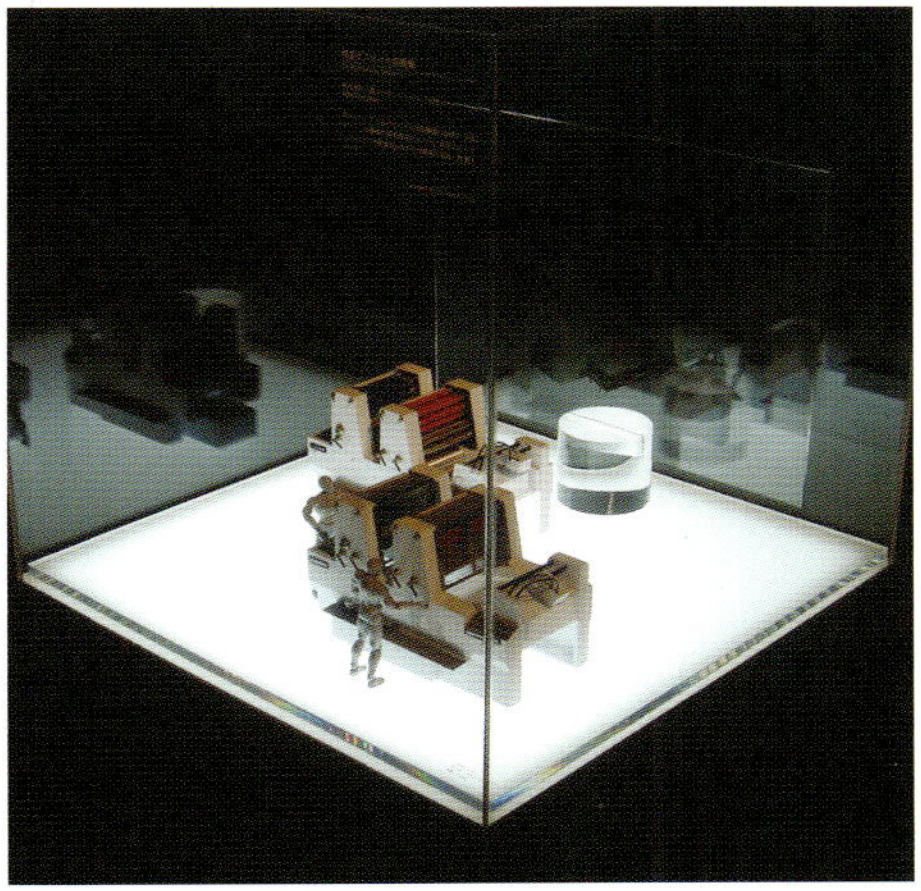

枚葉オフセット印刷機 "SPRINT"
株式会社 小森コーポレーション　1977

明るくシンプルなデザインの印刷機械の登場は、従来までの工作機械や産業機械のあり方に変革をもたらした。そして作業環境全体また作業者の意識に影響を与えた。

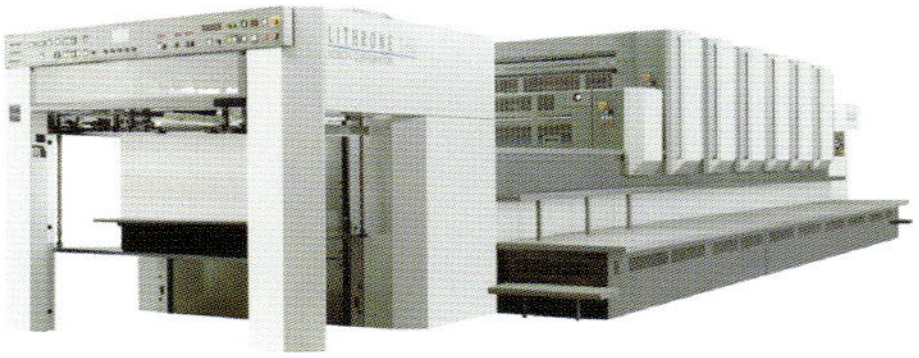

枚葉オフセット印刷機 "LITHRONE S40"　2002

両頁の展示物のデザインはいずれもGKデザイングループ

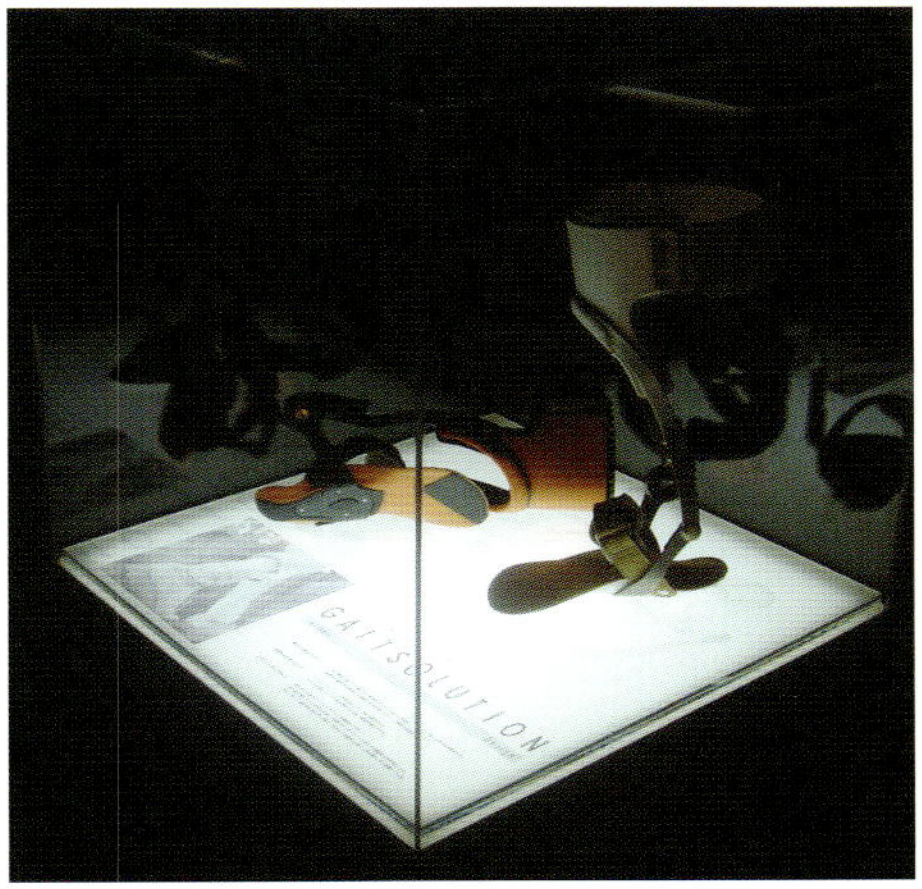

ゲイトソリューション　デザイン
川村義肢株式会社　2005

片麻痺の症状を持つ方にきれいな歩行を可能にする短下肢装具。再び歩く自信を取り戻せるように、あしどり軽く楽しく歩けるデザインとした。

ネットワーク家電

Haier　2000

家庭内情報化の発展に応じ開発されたネットワーク家電製品シリーズ提案。通信機能を内蔵させることで、ネットワークと接続して情報のやり取りや、遠隔操作を実現する。

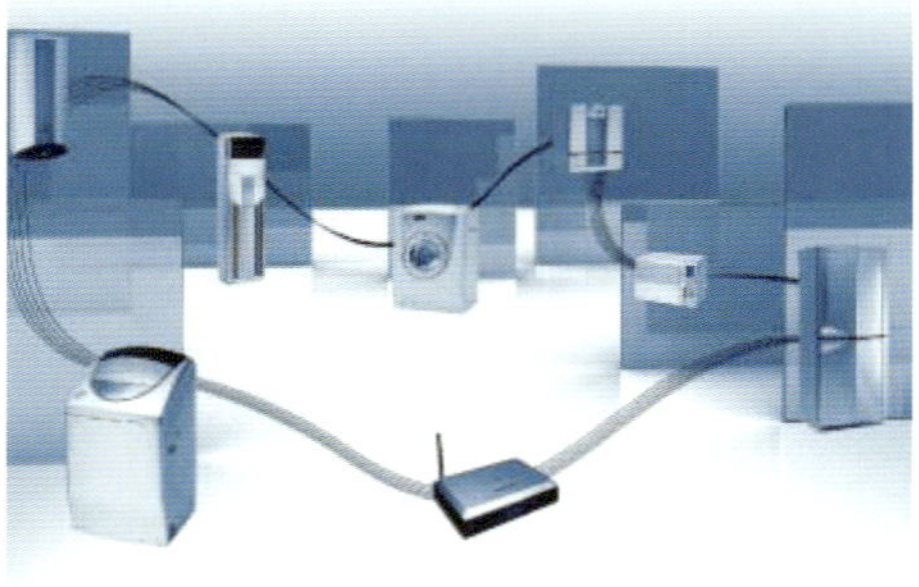

携帯電話デザイン先行開発

ボーダフォン株式会社（現ソフトバンクモバイル株式会社）
2003〜2005

携帯通信事業におけるデザインマネジメントの一環として、今後の携帯電話デザインの先行指標を具体的なプロトタイプに表現。携帯開発メーカーとの目標共有や一般ユーザーの嗜好性を探る。

ステレオパワーアンプ　B-6

ヤマハ株式会社　1976

オーディオは高度な電子技術を内包した道具である。Complexity，Simplicity：複雑なテクノロジーを美しい作法にまとめあげる単純化により、画一化されたかたちから開放された。

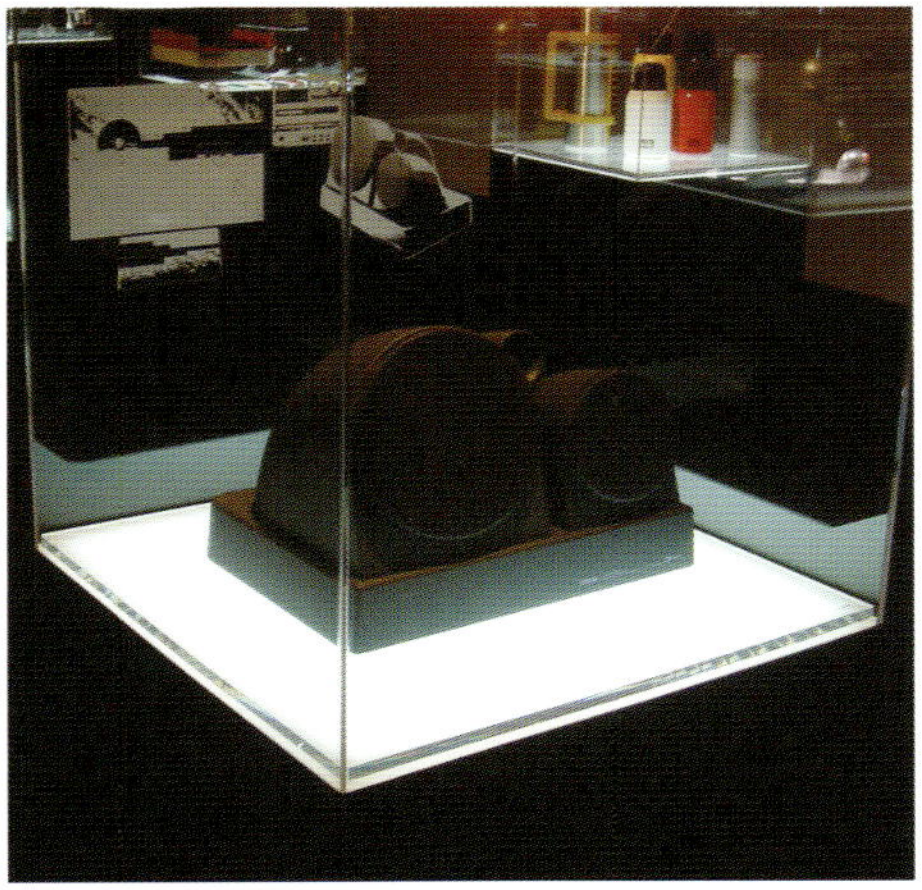

スピーカーシステム　AST-C30

ヤマハ株式会社／1989

スピーカーはオーディオシステムの視覚的な要である。Small, but powerful：コンパクトな装いの中にある力強い表情は、音の出口としてステージ上の主役となる。

両頁の展示物のデザインはいずれもGKデザイングループ

クリスタルムーバー

三菱重工業株式会社　1998〜2002

ガイドウェイ方式の軌道をコンピュータ制御で自動走行する中量輸送システム。国際空港のターミナル間の移動やニュータウンの移動を主とする三菱重工の国際戦略車両。

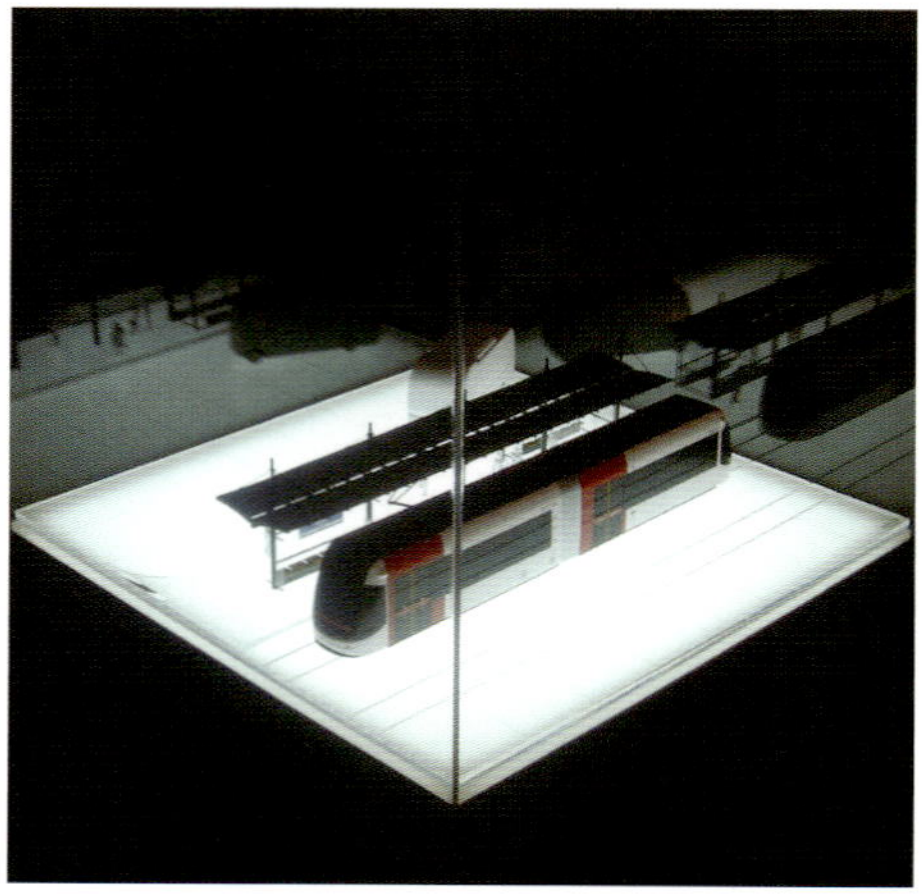

富山ライトレール・富山港線

富山市・富山ライトレール株式会社　2006

旧JR富山港線を路面電車化し、超低床式車両（LRV）の導入を図り、富山市民の重要な交通手段として再生した新路線。総合的にコントロールし、その質を高めていく「トータルデザイン」が導入された。

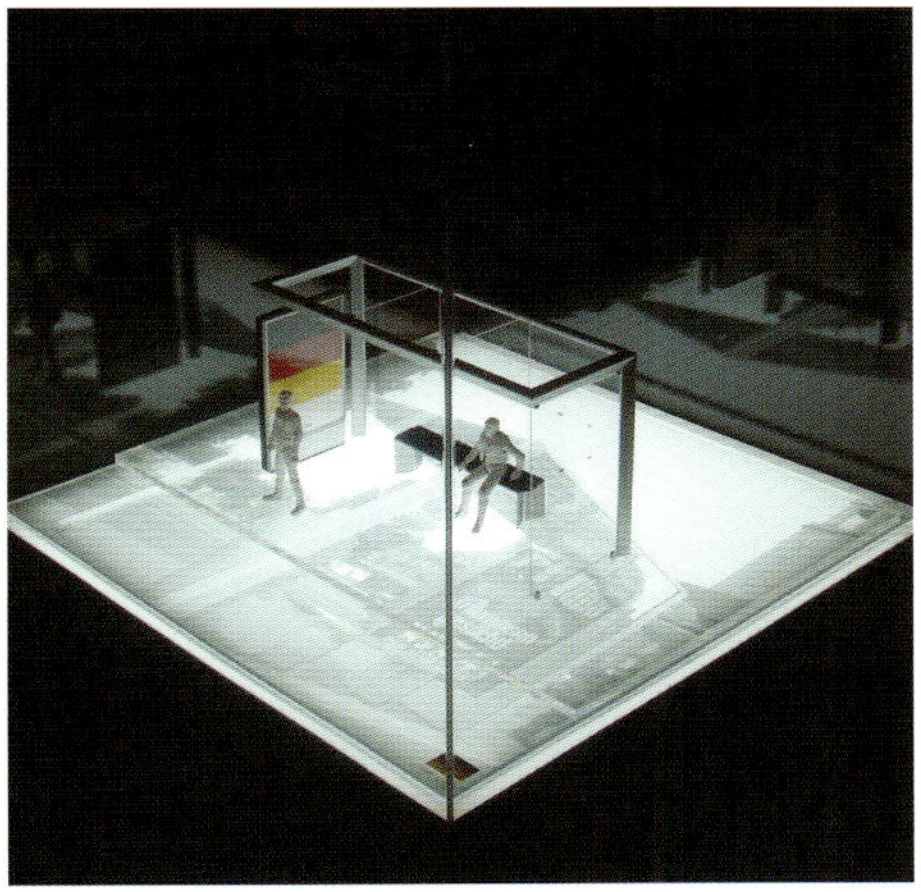

### インテリジェント・バスストップ

ウォール社　1999

ドイツ／ベルリンにおける新標準型バスストップのデザイン開発計画にて考案された。屋外広告収入に基づくPFI方式（Private Finance Initiative）方式により整備される。

### パブリックトランスポーテーション

東日本旅客鉄道株式会社　1991〜

デザインも鉄道利用者へのサービスのひとつである。パブリックトランスポーテーションとしての鉄道車両は、都市・地域を結ぶ路線周辺にあらたな風景をつくり出す。

両頁の展示物のデザインはいずれもGKデザイングループ

カメノコ住居－道具論研究
GK自主研究　1964

寝室、個室、厨房などの機能空間をユニット化し、連結して居住空間を形成する増殖可能な住居。顕在的機能空間を重層させることによって、居間という潜在的機能を創出する。

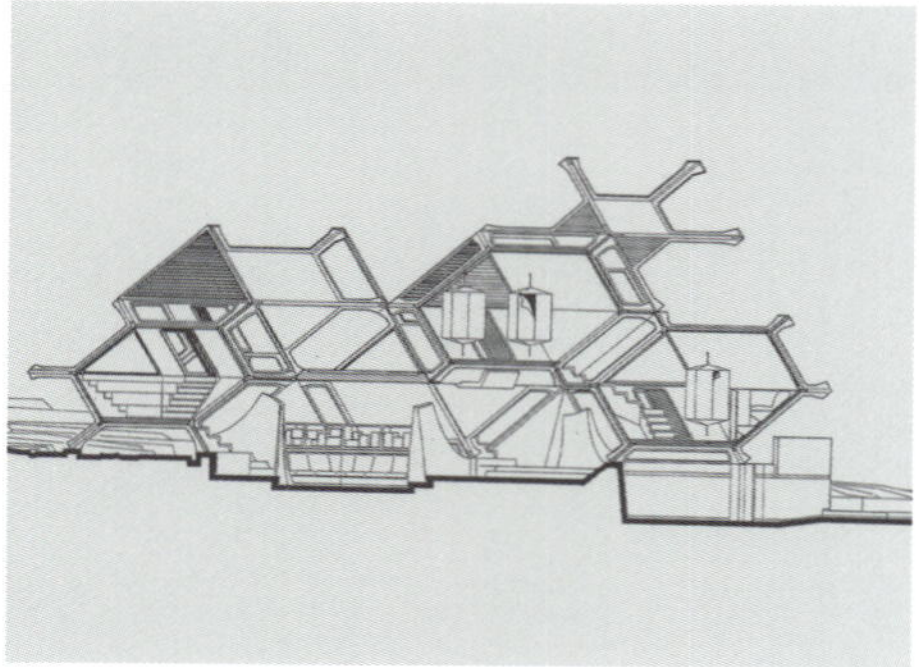

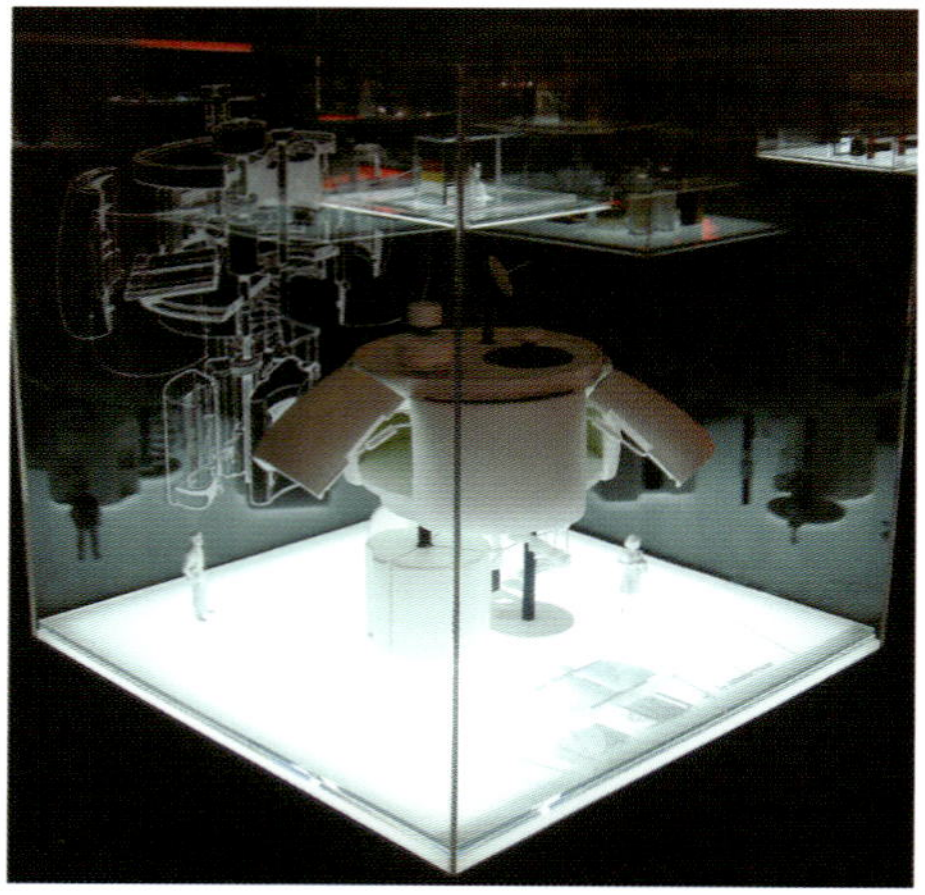

核住居（カボチャハウス）－道具論研究
GK自主研究　1964

夫婦の居場所と生活の基本的装備を核とした住居。家族の広場としての居間や、子供の居場所は、核の周囲に拡張して展開する。道具の持つ機能対応性を活かした住空間のイメージモデル。

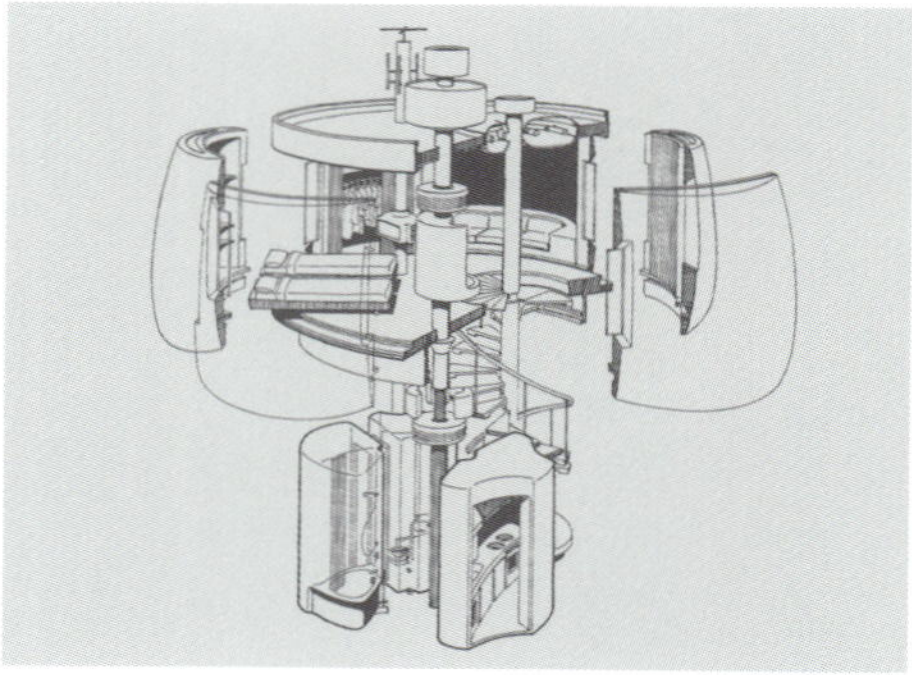

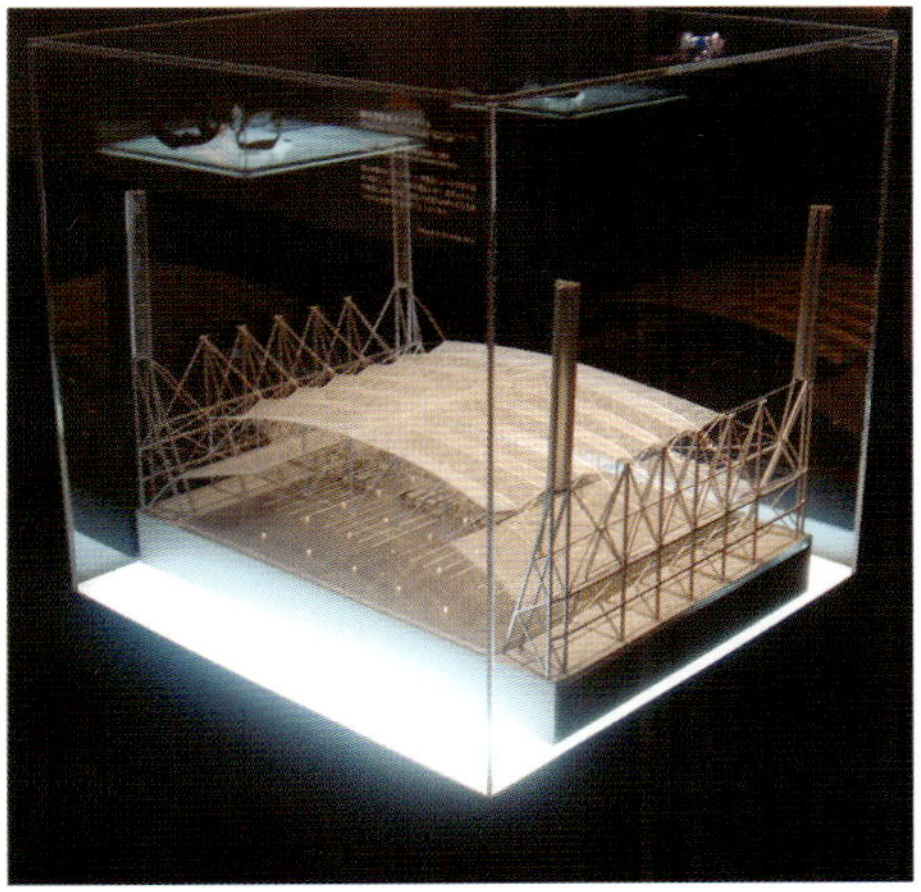

横浜博覧会 メインゲート

横浜市・財団法人横浜博覧会協会　1989

横浜博覧会のメインゲート。博覧会のような仮設の場は「仮設コンセプト」を試す機会となり、成果はさらに広範囲に活かされる。「仮設」の本質は必要な変化を続けながら永続する力を持つところにある。

国際科学技術博覧会 総合情報案内所

国際科学技術博覧会協会　1985

広大な会場を持つ博覧会の会場で入場者が迷わないように考案された複合施設。ランドマーク、広告、案内情報など、多様な案内機能を複合化した総合情報案内所。景観づくりの大事な要素でもある。

両頁の展示物のデザインはいずれもGKデザイングループ

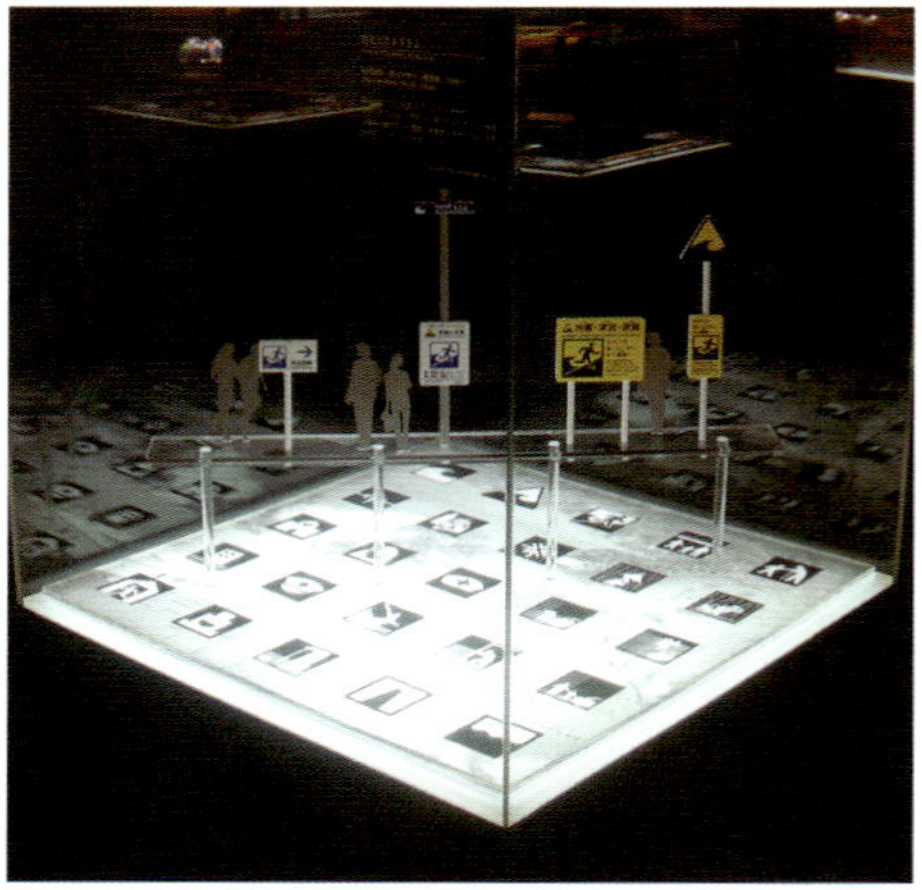

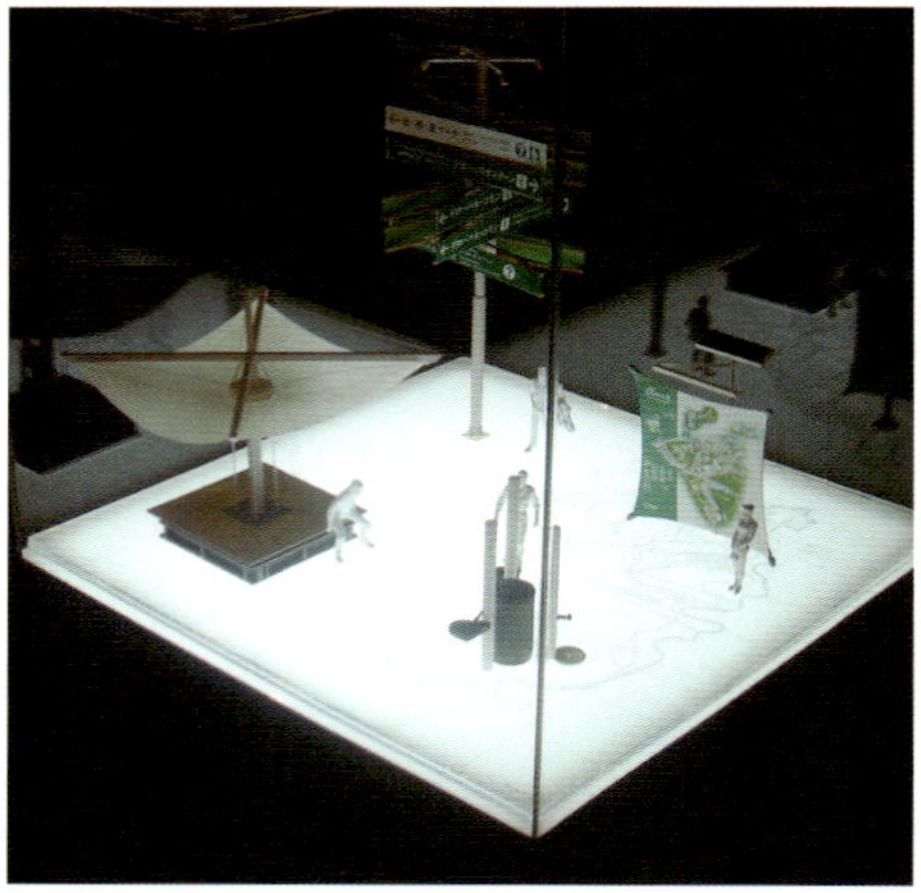

防災ピクトグラム

NPO法人　防災デザイン研究会　1996〜

防災ピクトグラムは、ハザードマップやサインなどに使用されている。デザインには分かりやすさと、地域や媒体を選ばない一貫性と柔軟性が求められる。世界的なスタンダードを目指している。

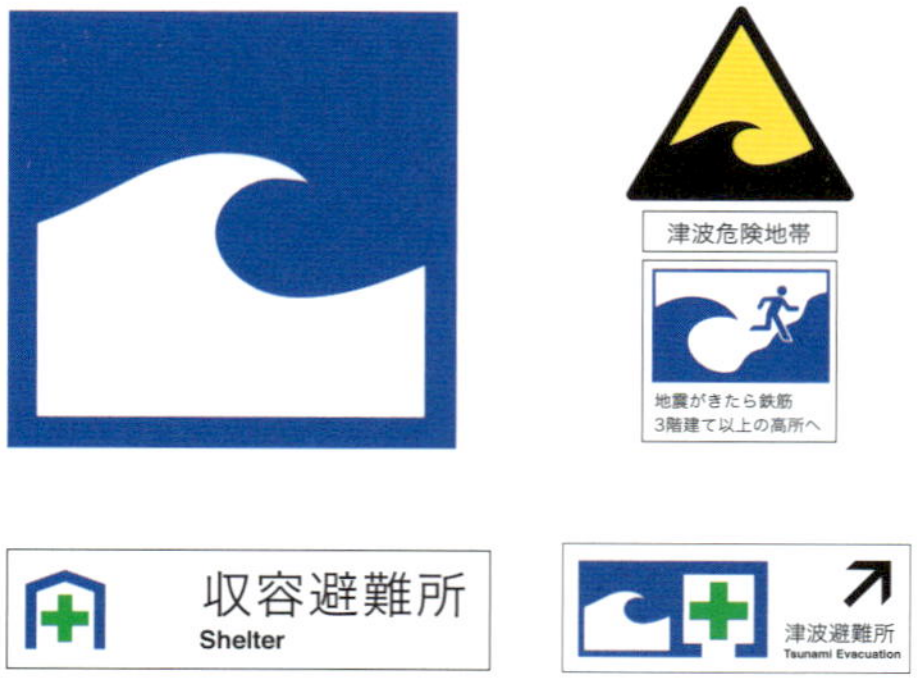


2005年日本国際博覧会ストリート・ファニチュア

財団法人2005年日本国際博覧会協会　2005

すべての要素が、可変性、可動性、仮設性の高いパーツによって構成される「メタボリックデザイン」システムに基づいてデザインされた、環境共生型のストリート・ファニチュア。

本頁の展示物のデザインはいずれもGKデザイングループ

道具学研究

道具学会

道具は科学技術の人間への、生活への適用であり、その適用の歴史と現況の是と非とを問い、正しい適用の道を明日に模索していくことが、デザインの基礎学としての道具学の使命である。

季刊 道具学 Forum Douguology 道具学会 1

特集 20世紀の道具

展示物提供：道具学会

ライトインフラストラクチャー

日本デザイン機構・
早稲田大学理工学部建築学科 石山修武研究室　1999

自然災害や戦災から発生する避難民キャンプの中核をなす可搬コンテナー。支援本部、医療、情報、教育などの機能を備えたコンテナーからなり、災害発生時に空輸などによってキャンプコアを形成。

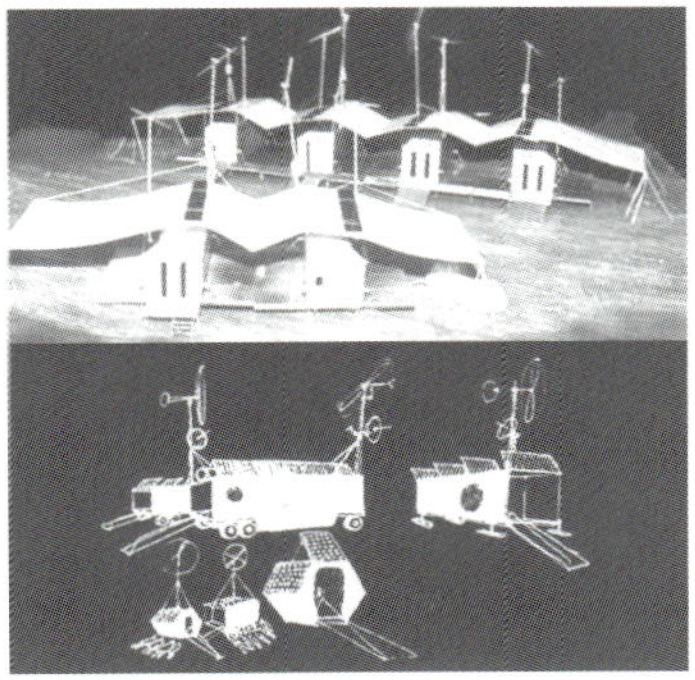

展示物提供：日本デザイン機構

# おわりに

「道具寺道具村建立縁起展」は多くの来場者を得て、平成十八年十一月五日、十日間の会期を終了した。この展覧会は「道具寺道具村構想」を初めて広く一般に披露する機会となり、多方面からたくさんの励ましと貴重な示唆をいただいた。

「道具寺道具村建立縁起展」の中心に展示した「道具千手観音像」は、「道具寺道具村」の建設候補地となっている和歌山県の白浜の地に遷座する予定である。「道具千手観音像」を安置する殿堂は「平成の夢殿」。「道具寺道具村」の実現に向けた活動が、この「平成の夢殿」を起点に、新たな段階を迎えることとなる。

すでに、「道具寺道具村建立」の意義と価値をより多くの人々に理解してもらうため、全国行脚を開始している。この構想を現実のものとするためには、自らが足を棒にして、日本列島の北から南まで、全国を巡り、様々な人々に訴えかけねばならない。そしてその賛同を得ねばならない。

平成十八年には、北海道稚内市と沖縄県石垣市を訪れた。稚内は自らを「日本のてっぺん」と名乗る、ロシアに最も近い街。石垣は「つま先の国」「脚下照顧の国」と称する、台湾を眼前にする街。日本最北端と日本最南端のこの二つの街の訪問を通じて、日本が北から南まで三千五百キロの帯のような国であることをつくづく体験することが出来た。この日本列島に一億二千万人の人々が住んでいる。そしてそこには、土地それぞれの歴史や伝統があり、人々が育んできた文化がある。日本の懐の深さと、歴史・伝統の重みを改めて実感しながら、いよいよここに、本格的な全国行脚が始まったのである。

歴史を遡るまでもなく、然るべき世界の開祖や伝道者の多くが、必ずや経験して来ただろう、歴史的修行の重さなどには及びもつかないものであることは承知している。しかし、それらに肖りつつ、来るべき道を辿ることの不安と期待には、その決意故の、その覚悟故の、清々しさを実感する。

ものづくりの本質に回帰し、ものと人の関係を見つめ直す。そのスローガンこそ「ものと人の美しい共生」。デザインで彩る新たな「ものづくり日本」の風景を創造するためにも、道具の原点に立ち返って、改めて、ものづくりの世界、デザインの世界を構築したい。

平成十九年十月

栄久庵　憲司

# 平成の夢殿

# 道具道　五誓八願

「美を心底に具《そなえ》は道を得て　道具となる」
「人は道具を得て　その道を悟る」

その修行は　「道具とは」の設問に始まり
道具道を構成する「諸道」を学び
それらを成立させる「諸芸」「諸術」を修練する
その結果　将来の「ものづくりに対する基本的姿勢」
そして　「道具創造に対する基礎的作法」を体得することとなる
その極意を伝えるものが「道具道　五誓八願」である

道具をつくる人は、誠実たるべし
道具をつくる人は、慈愛の心を持つべし
道具をつくる人は、心身清らかにして、清々しい気分を香らすべし
道具をつくる人は、うそをつかぬこと
道具をつくる人は、謙譲であること

道具は、単純なかたちにすべし　されど個性を持つべし
道具は、解り易いかたちにすべし
道具は、暮らしのメッセージを放つべし
道具は、時代の精神を反映すべし
道具は、節倹を旨とすべし
道具は、歴史の魂を伝承し文明の恩恵を体現すべし
道具は、人間自然と調和をはかり美の秩序を構築すべし
道具は、未来の風景を約束すべし

すなわち「道具道　五誓八願」は
道具と共に生きる人々が　大切に守る心根である

# 道具寺道具村建立縁起展に寄せて

平成十八年十月二七日の展覧会
開催時に寄せられたメッセージ

栄久庵憲司さんは、物の世界における勇気ある開拓者であるとわたしはおもっている。

一九七三年にわたしは京都国際会館で開催された世界インダストリアルデザイン会議で基調講演をおこなった。この会議のテーマは「人の心と物の世界 Soul and Material Things」であった。「物に心がある。道具に魂がある」という栄久庵さんの持論にわたしはふかく共感し、日本文化の基層をささえるアニミズムの存在をのべ、将来の物づくりをめぐる文明のありかたについて問題提起した。その後、栄久庵さんはさまざまな議論やデザインの実践をへて、おおくのこころみをしてこられた。

栄久庵さんがこのほど道具村の構想を発表され、その実現に奔走しておられるという。あらためてかれの意志のつよさに感動している。くれぐれも健康に留意され、理想にむけて最善の努力をつくしていただきたい。

国立民族学博物館
顧問　梅棹　忠夫

日本のものづくり文化の歴史と伝統は、世界に誇るべき資産であり、かつ人類の未来に繋げるべき大いなる潜在能力である。

日本のそして世界のデザインの推進者である栄久庵さんが、今回この道具寺道具村の思想を唱え、さらにはこのような展覧会を通じて広く社会に訴えかけることを、大変頼もしく、かつ心強く思う次第である。

この二十一世紀を真のものづくりの世紀とするためにも、物質文明の功罪を再考し、新しいものづくり文化・文明への転換を図ることが必要である。そこで目指されるのは、人間性の復興、地球環境との共生、そしてより高度なコミュニティーの再生である。日本国の懐の深さと、歴史・伝統の重みがあってこそ、これからのものづくり、国づくりは進むのだと思う。いよいよここに、栄久庵さんの固い決意を持って、本格的な挑戦が始まったことに心よりエールを送りたい。

国際日本文化研究センター
顧問　梅原　猛

私は映画という仕事柄、まさしく「道具」に囲まれた現場の人生を歩んできた。ご存知のように、映画製作の現場には、小道具、大道具、照明、カメラ、音響、等々どれをとっても道具だらけである。映画は道具抜きには成立しない芸術なのである。映画の撮影現場では、製作スタッフは自分の使う道具を人一倍大事に扱う。それは、彼らがその道具が人に触れ、使われ、人とものとのコラボレーションから美しい画像が織り成されるということを、長年の経験から熟知しているからだろう。

栄久庵さんは、人間と同じように道具にも心があるという。まさに同感である。使い方次第で道具は変わる。道具の心をわかるからだろう。この「道具寺道具村建立縁起」展のお話をうかがいながら、日常あたりまえのように使っていた道具に、新しい観方を発見した気分だった。

人間はものを言わぬ物質や自然に対して、時に不遜である。これだけ高度成長を遂げた結果、物質社会となり日々人間に便利な商品が生み出されては捨てられている。また社会では、残虐な事件が若年化され相次いで起きている。確かにものは豊かになったが、一方で、人間の精神に歪が出てきている。このままほっておいてはいけないとデザイナーの栄久庵さんが、その専門であるものづくりの立場から、道具をその救世主として考えられた構想だと思う。

「道具寺道具村建立縁起」展が、人々にものづくりを通しての人間形成のあり方を喚起し、新しい二十一世紀の一隅を照らすものであることを期待している。

東映株式会社
名誉会長　岡田　茂

## 道具にも魂がある

人は道具がなければ生活出来ない。人類の歴史、文明の進化は道具の創作と改善によって発展してきた。道具は単なる物体の態様でもなく仕事のための器材でもない。人間が使うことによって道具としての効用が生活に効果をもたらしている。道具からうける受益は実に偉大なものであるが、水や空気と同様、道具の有難味を余り感謝をせず当然のように利用している。道具にはすべて歴史があり永年にわたる創作者、使用者の魂が籠もっている。その事実は目に見えないが深淵なものである。一本の釘を考えてもわかることだが、何千年前に物を結合させることに思いついて考えたのであろう。釘が考え出される以前は、結束したりハメ込んだりして用途にしていた。最初は草木の蔦を使用したであろうものが、木の杭を、更に鉄の釘へと進歩してきた。釘の歴史を顧みるだけでも人類の智慧と道具との深い関係が察知される。

日常感じていないが道具の大切さ、道具にもわれわれの神経が通っているのだと感じさせられることがある。釘を金槌で打っているとき不注意から指をきびしく打って激痛をうけること。又、斧で薪を割っているとき普通に振り下しているのに偶然にも割れた一片の木が強く脛にあたって強い痛みをうける。斧の効果に感謝せず無意識のうちに作業をしていると、時々「道具」を意識する。道具にも魂があるのだと覚醒が発信される。道具を開発するとき又、道具を使うとき道具を意識し、絶えず緊張して取扱いしなければならないのではなかろうか。

人類の智慧は無限に展開して、すべての分野で新しい道具を創作するであろう。それによって生活に便利がもたらされ、文明の繁栄を喜ぶであろうが、作るにしろ使うにしろ人間が道具に感謝する心を失ったら逆に道具は人に不幸を押しつけてくるかも知れない。道具に魂があることを知っておくべきだ。

栄久庵先生が道具寺建立を発意されたことは道具に感謝し新しい人間自覚の復興を祈念されてのことであり敬意を表している。

東洋大学
総長　塩川　正十郎

## 「物つくり」日本の再生を願って

つい先日のこと。世界に誇る日本の企業ソニーが、世界的規模に広がって使用されているリチュウム電池を全面的に回収することになったという報道がなされていた。その回収費用は一〇〇億円にも一五〇億円にも達するとかで、ソニーにとっても危機的な状況とのことであった。

私はその事実を耳にしたとき、世界に認知されてきた「物つくり」日本の信頼失墜が始まったのではないかという危惧の念が起きてくるのを禁じえなかった。資源の少ない我が国は戦後一貫して「物つくり」をすることで世界に通用する信頼を得、それ故にこそ世界に冠たる経済的発展が達成できたはずであった。

しかし、そのつまずきの第一歩はバブル経済ではじまったのではなかったろうか。明治維新以来ヨーロッパの文化を先進国の文化として受け入れてきた日本は、模倣と創造の狭間で努力を重ねて「物つくり」にとり組んできた。それらの一つがドイツのカメラであり、スイスの精密機械であった。追いつけにはじまり、ついに追い越せたところで、世界の評価が高まったのではなかったか。

ところが、敗戦後の六〇年間は、アメリカ風の使い捨ての文化を良しとしてアメリカへの追随をくり返してきた。その結果「物つくり」の神話は、二十一世紀に入り、まさに崩壊が始まったといわなければならない。この時にあたり、栄久庵憲司氏の発願によって「道具村」を建ち上げようとする構想が持ち上がったのは、まさに現世利益を目指す観世音菩薩の導きかもしれない。日本はいま日本人が大切にしてきた「物つくり」の精神を見直し、その復興を世界に訴え続けなければならない。栄久庵憲司氏の運動が、牽引となることを信じてやまない次第である。

裏千家
前家元　千　玄室

栄久庵先生から、道具寺道具村建立の計画を伺って、大変りっぱな志を持った方だと感動しました。思っていても、こうした仕事は大事業です。土地や設備や運営資金など、一つずつ決めるにしても容易のことではありません。

日本文化の特質は、文化の継承にあります。技術的にも、精神的にも伝承しながら技術を伝え、新しい技法を生み出すことにあります。絵画、彫刻、デザイン、建築のあらゆる分野にいえると思います。

そうした伝統と新しい創造と革新を織り成すように、文化は築き上げられます。これが、日本文化のアイデンティティとなって、異文化と相対しても、日本のオリジナルとして認められます。

栄久庵先生の壮大な志が立派に実るよう心から祈って止みません。

財団法人
文化財保護・藝術研究助成財団
理事長　平山　郁夫

栄久庵憲司さんのいう「道具」とは、人間生活を支えている「モノ」全般を指している。携帯電話、薄型テレビ、クルマから口紅まで、人が用途に応じて使い、役立てる「モノ」すべてを「道具」と呼ぶ。そして、高度な道具社会の明日には何が待っているのか？を問うのが今回の「道具寺・道具村」の発想であると思う。

ともかく、人間は「道具」なしでは生きられない。「道具」の作り方や使い方、あるいは捨て方ひとつで人生は微妙に変化するであろうし、世の中は美しくも醜くもなるであろう。栄久庵さんによれば、私が永年作ってきた衣服とデザインは、まさに「道具」の中の「道具」なのだという。人のからだの延長として考えれば、衣服は最も身近な「道具」の一つであるにちがいない。

ご希望により、栄久庵さんが「道具村・道具寺」にて、修行や仕事の際に着る服を作ることになった。それを着ると自然に元気が出る衣服、ふだん着であり労働着であり、機能的で美しい「作務衣（さむい）」が欲しい。と、注文が多いが、喜んでお受けした。衣服は手足の延長であり、同時に精神の延長でもある。この作務衣を着る人の心が軽くなり、束縛から自由になり、風をはらんで空を飛ぶことを願った。

デザイナー
三宅　一生

人は「もの」を創ることにより人であります。そして、「もの」を創るために道具を創ることにより、これも人であります。そして、道具をコントロールできることにより人であるという認識があります。道具の発展には限りはなく、常に進歩があります。

しかし、その「もの」を創るという文化が、もしかしたら大きく地球環境を破壊しているということも考えられるのではないでしょうか。

人間というものは、人と人との間に心と愛が通じ合って成り立っております。そして、それを繋げるものの中に道具というものがあるのではないかと思います。今回の道具寺・道具村の建立は人間の本質、根源を改めて見直すものかと思います。是非とも、この道具寺・道具村の建立が成功することを祈っております。

東京藝術大学
学長　宮田　亮平

「物」は本当をいうと、一般に思われているような、人間が便利をするための材料ではない。とくに仏教では「物」は合掌の対象とされている。これはしばしば拒否される偶像崇拝とは次元をまったく異にするものである。悉有仏性という聖観にしたがって、すべての「物」に絶対の仏性を観るからである。

　縁あって道具や材料にめぐり会い、それを使用し、それを消費し、それに生かされ、またそれと離別する。このプロセスにおいて、仏教徒であろうとなかろうと、人間たる者の行為は常に仏性開顕の営みでなければならない。これこそが本来あるべき物と人間との関係である。道具村はこの思想を基本として構想された。

　今回の展示は、一部「俗」、二部「行」、三部「聖」の三コーナーから構成されてはいるが、これを俗世間から修行を経て悟りの世界へ移行したとだけ見てはならない。すなわち俗世間を厭離し捨棄したところに聖があるのではないということだ。道元禅師の金言がある。

「迷を大悟するは諸佛なり、
悟に大迷なるは衆生なり。」

と。

　真の聖は俗と対立するものではなく、真の悟は迷の対立概念ではない。対立概念の一方のみを是とするとすれば、それは「二見に堕した」俗になり下がる。聖あるいは悟りの核心は、対立を超えた不一不二、聖即俗、迷即悟でなくてはならない。

　してみれば、展示フロアは平面という物理的制約を受けてやむを得なかったのであろうが、本心から言えば展示を二階構成にして、下層を「俗」に、階段を「行」に、上層を「俗」なる下層をすべて覆った格好で「聖」としたかった。醜い道具、デザインの悪い道具、見捨てられた道具ほど救われなければならないからである。

　これを心して、展示を拝観されたい。

東京工業大学
名誉教授　森　政弘

「道具寺道具村建立縁起」展の開催おめでとうございます。

　今、我が国は高度成長期を経て成熟期を迎え、多様な価値観を持った人々が自らのライフスタイルを追求する社会となりました。物を作り、そして事を行うのに用いられる道具も、こうした変化に対応して次々と改良・発明がなされ、物心両面における豊かな生活の実現に大きく寄与してまいりました。

しかし、人間の文化・文明を支えてきた「ものづくり」は、同時に多くの新たな課題を生み出すこととなりました。特に、今日の深刻な地球環境問題は社会経済構造や一人ひとりの生活のあり方に根ざしており、現在の社会システムの根源的な見直しを私達に強く迫っているところです。

物質的な豊かさだけでなく精神的にも満たされた生活の実現を目指して、二十一世紀における人間と道具との関わり合いを見つめ直そうとする「道具寺・道具村」構想が、紀伊半島南部、千三百年余りの歴史を持つ由緒ある温泉観光地である本県の白浜町で計画されています。道具大学や道具博物館等、人間と道具との関わりをテーマとした様々な施設からなる壮大な「村づくり」と聞いております。

古（いにしえ）からの祈りと癒しの地「熊野」、白浜町の富田坂は「紀伊山地の霊場と参詣道」として世界遺産に登録された「熊野古道大辺路街道」の始発点であり、「熊野」への扉でもあります。このように歴史文化の香り高い白浜の地において、「二十一世紀を道具による人間復興の世紀とする」ための試みが推進されることは、意義深いことです。

道具村が「ものづくり日本」を象徴する情報発信拠点となり、国内外から多くの人々が集い価値ある交流が生まれるとともに、新たな地域の発展に繋がることを期待しています。

和歌山県
知事（当時）　木村　良樹

「道具寺・道具村建立」のお話をお聞きしてから、早四年近くが経過いたしました。

この間、白浜と東京で沢山の話し合いと会議が重ねられ、会議を重ねる度に一歩ずつ実現に向けて取り組みが進んでまいりました。

昨年は、白浜は太刀ヶ谷の山深い森の中に、具体的な一歩として「庵」が建立され、「山籠修行と建立発願」が行われました。その後沢山の皆様に現場を見ていただくことが出来ました。ご覧になられた皆さんの第一声は「いやぁ〜これ何？」でした。「庵」という言葉から来るそのイメージからは、どうしても結びつかない不思議なその姿、そして日が落ちると、深い木立に囲まれた「庵」が青白い光に包まれ、浮かび上がります。

それは原生林の中で、あり得ない光景です。森は日差しの残る間は動物達の天下ですが、時間が経過し、夜になり暗闇が訪れると主客が逆転し、従順で不動と思われていた山の住人の天下となります。山が叫びます。動きます。そのリズムに合わせるかの様に幻想的な光を発光し、溶け込んでいきます。それは近寄りがたい不思議な発光体であり、山の神であるかの様な姿でした。

　この地はその昔、神武天皇が東征の途中、嵐に遭い、大波を避けるため波静かな古賀浦湾の奥深くに避難をされたが、大波は中々鎮まらず、海神様の怒りを鎮めるため、御剣を海に投げ入れ、大波を鎮めました。その後御剣を山中に埋め、祠を建てて御剣を御神体とし、お守りしてまいりました。その神社が集落の氏神となり、太刀ヶ谷神社と名付け（古事記にも避難された様子は記されています。）又、その左証として旧暦の八月一日に太刀ヶ谷神社のお祭りが行われ、今日においても「貴方のご膳」「オシトギさん」など宮中用語が使われています。（尚、旧暦の八月一日は神武天皇出陣の記念日を指しており、この日を祭礼日としているのです。）その後、村人は太刀ヶ谷神社を中心に、この美しい入り江と緑豊な自然を守り、出陣に際して「秘匿である事」との申し付けを堅く守り、質素で静かな生活を代々続けてきました。

　神々が宿り、支配を続けてきた、その地に発光体が揺れています。神々のご加護の下、神々のお許しが頂け、発願が成就いたしますよう祈念いたします。

和歌山県白浜町
町長　立谷　誠一

# デザインの道

道具寺道具村建立縁起展

発行　二〇〇七年一〇月二五日 ©
著者　栄久庵 憲司
発行者　鹿島 光一
印刷　株式会社高山
発行所　鹿島出版会
〒一〇〇―六〇〇六
東京都千代田区霞が関三丁目二番五号
電話 〇三（五五一〇）五四〇〇
振替 〇〇一六〇―二―一八〇八八三



ISBN978-4-306-08516-9　C1070　Printed in Japan
本書の内容に関するご意見・ご感想は下記までお寄せください。
URL: http://www.kajima-publishing.co.jp
E-mail : info@kajima-publishing.co.jp